AF392183

Benedicto XVI y la emergencia educativa

Filosofía de la enseñanza de la economía para la libertad

Thomas Chacón Santana

Premio Académico Anual Charles L. Stillman 2019
Universidad Francisco Marroquin
Guatemala

EMERGENCIA EDUCATIVA
FILOSOFÍA DE LA ENSEÑANZA DE LA ECONOMÍA PARA LA LIBERTAD
THOMÁS CHACÓN

Primera edición: © Cedice Libertad, 2020

Depósito legal: DC2019001712
ISBN: 978-980-7118-84-2

Coordinación General
Rocio Guijarro

Coordinación editorial
RGT Comunicaciones

Diseño y diagramación
Keyla Brando | @la_brando_

© Centro de Divulgación del Conocimiento Económico CEDICE
Caracas, Venezuela, 2020

PRESENTACIÓN

Hace 35 años se fundó **CEDICE Libertad** con la misión de promover, divulgar y formar para el ejercicio de la libertad individual, la libre empresa, la libertad económica, el respeto a los derechos de propiedad y los valores que hacen una nación próspera con ciudadanos libres y responsables. Ese trabajo continúa con más fuerza y esperanza cada día, porque estamos seguros que el poder de las ideas basadas en estos principios se extenderá a lo largo del planeta. Y con ese propósito nos complace presentar: *Benedicto XVI y la emergencia educativa. Filosofía de la enseñanza de la economía para la Libertad* del Doctor Thomás Chacón, un libro de alta significación para los lectores ávidos de conocer y aliarse en la tarea por una mejor educación y formación esta vez desde la economía de mercado donde el individuo es el centro.

Me permito hacer un poco de historia sobre este libro que es la tesis doctoral del economista y profesor Thomas Chacón, basada en su profunda vocación de maestro en la enseñanza de la economía de mercado y sus valores. Corría el año 2005, el economista argentino Martin Krause, me había hecho llegar un borrador de un material que quería publicar explicando los temas económicos a través de cuentos infantiles y obras de la literatura universal. Inmediatamente le ofrecimos publicarlo en **Cedice** y se llamo esa primera edición: *El Cuento de la Economía*. Posteriormente sería editado por Aguilar y Unión Editorial bajo el título: *Economía explicada a mis hijos*.

Cedice Libertad, desde sus inicios tuvo a la escuela de economía de la Universidad de Carabobo, como uno de sus aliados más cercanos, profesores que compartían los principios que nuestra institución promovía y alumnos que aprendían de las ideas de la libertad. Dos aventajados estudiantes de esta escuela, Thomas Chacón y Alí Guédez, inquietos y activos, organizaban actividades (charlas, debates, cursos) con el apoyo de **Cedice** en esa casa de estudios para promover la reflexión de las ideas que fundamentaban el liberalismo como doctrina. A ellos les propusimos un día: tengan este libro: *El Cuento de la Economía* del prof. Krause y háganme una propuesta para un programa de economía dirigido a niños y jóvenes.

No tardaron en venir con un proyecto y es así como nace el programa Economía de Mercado para Jóvenes y Niños, iniciativa de **Cedice Libertad** en el cual se desarrolla la enseñanza de esta disciplina, sostenida en el desarrollo de las virtudes y las dimensiones humanas, e integrada con las otras ramas del saber.

El programa comenzó ese año 2005 a dictarse en escuelas públicas de Caracas, Maracay y Valencia hasta la fecha con gran éxito. Alí Guédez se fue a la administración pública y Thomas se dedicó a la docencia en su casa de estudios y asumió la coordinación académica del programa en **Cedice Libertad**, actividad que aun desarrolla con la mística, el profesionalismo, el carisma y la pasión que desde el inicio lo hizo destacar. Hoy los frutos del programa donde se dictan clases, talleres, dinámicas de pedagogía social para enseñar economía de mercado e ideas de libertad, a través de cuentos infantiles y obras de la literatura universal, se observan, el alcance del mismo abarca más de 15000 niños impactados en escuelas públicas y privadas, ampliando las regiones del país.

Thomas amplió el contenido del Programa Economía de Mercado para Jóvenes y Niños, a través de un libro llamado *Aula Virtual*, donde incorporó cuentos y otras obras de autores venezolanos. El impacto del programa ha sido reconocido a nivel nacional e internacional con diferentes premios y reconocimientos entre ellos: *Templetom Freedom Award (2008)* por educación en niños y jóvenes, Global Money Week Award 2013, finalista en *Emprendedor Social del Año* (2013) de Venezuela Sin Límites, entre otros.

Este exitoso programa de **Cedice Libertad**, producto de la constancia del prof. Thomas Chacón, ha dado pie a su tesis doctoral, este libro que usted tiene en sus manos apreciado lector, bajo el titulo: *Benedicto XVI y la emergencia educativa. Filosofía de la enseñanza de la economía para la Libertad*, una filosofía de la enseñanza de la economía de mercado, cimentada en un diálogo fecundo entre la fe, la razón y la cultura, que ha recibido el primer lugar del Premio Charles Stillman (2019), que otorga la admirada Universidad Francisco Marroquín de Guatemala, en reconocimiento a las mejores investigaciones sobre filosofía de la libertad en sus aspectos morales, económicos, políticos o jurídicos, hayan sido éstas ya publicadas o permanezcan inéditas.

Me complace gratamente y con mucho orgullo desde Cedice Libertad, presentar este trabajo del querido profesor Thomas Chacón. Haber visto durante todos estos años su crecimiento y desarrollo profesional; conocer su valía como ser humano honesto, humilde, dedicado y de una gran vocación, nos asegura que este formador de juventudes, tendrá un hermoso futuro.

"El progreso es la superación de todas las dependencias, y el camino hacia la libertad perfecta", Papa Benedicto XVI Encíclica Esperanza y Salvación.

Rocio Guijarro Saucedo
Gerente General

Prólogo

Economía y educación se presentan en infinidad de ocasiones como temas inconexos. Cada uno sirve para lo suyo pero sin que se vea claramente cómo se influyen y se interrogan mutuamente. Si, además, lo referimos a la conveniencia y necesidad de desarrollar un proyecto educativo en lo económico desde las edades más tiernas de niños y adolescentes, diera la impresión de que se está ante algo sin importancia y sin mayor trascendencia.

La obra que tenemos entre manos desarrolla exhaustivamente, con competencia y erudición, la filosofía, el pensamiento, la razón de ser de algo que es urgente. No hay libertad auténtica del ser humano si no domina los hilos de la vida diaria en la que se entrelazan intereses de diversa índole. Superar el egoísmo personal o de grupo, contraponer riqueza y pobreza, aislar el trabajo del capital, poner el lucro en primer lugar dejando en la penumbra el ser humano que está detrás, es parte del objetivo de la presente investigación. Cuestionar la economía, mejor algunos de los sistemas económicos no es para prescindir de ellos sino para situarlos en la dimensión correcta, que no es otra que el bienestar colectivo e igualitario.

En parte, el presente libro es algo novedoso por la coherencia del tema educación-economía, pero por otro, se conecta con la preocupación humanística de la fe cristiana que ha tenido su moderna expresión en la doctrina social de la Iglesia que ha tomado cuerpo propio desde el Papa León XIII a finales del siglo XIX hasta Francisco en este preludio del siglo XXI. Junto a ellos han sido abundantes las iniciativas e investigaciones, que han quedado plasmadas en trabajos y publicaciones, en obras pioneras en diversos campos del quehacer de los pueblos, y en el intercambio con otras formas de pensamiento que el mundo liberal capitalista y el colectivista marxista han propuesto o impuesto en el siglo pasado.

Asume el tema el autor siguiendo en buena parte la rica y profunda reflexión del Papa Ratzinger, Benedicto XVI y los postulados del Catecismo de la Iglesia Católica y el Compendio de la Doctrina Social de la Iglesia. Tiene su gozne en la afirmación de la Constitución Gaudium et Spes en la que se afirma el temor contemporáneo a la vinculación entre la actividad humana y la religión, como si se tratara de algo indebido que lesiona la autonomía del hombre, de la sociedad o de la ciencia. Sin embargo, el mismo documento deja bien claro la autonomía de la realidad terrena lo que no quiere decir independencia absoluta. "La investigación metódica en todos los campos del saber, si está realizada de una forma auténticamente científica y conforme a las normas morales, nunca será en realidad contraria a la fe, porque las realidades profanas y las de la fe tienen su origen en un mismo Dios" (GS 36).

Tampoco ha sido ajeno a la reflexión latinoamericana y venezolana la relación entre economía y religión, acentuando la necesidad de profundizar tanto el estudio como la praxis desde la realidad lacerante de pobreza y desigualdad existente en nuestro continente. El primer documento de la Segunda Conferencia General del Episcopado Latinoamericano en Medellín (1968), dedicado a la Justicia. Con clara visión de la realidad se constata la falta de integración sociocultural, la superposición de culturas que en lo económico ha conducido a la implantación de sistemas que solo favorecen a los sectores con mayor poder adquisitivo. En la búsqueda de la salvación debemos evitar el dualismo que separa las tareas temporales de la santificación (Medellín, Justicia, 2 y 5). Al referirse al tema educativo, se plantea superar las estructuras culturales que pueden ser opresoras. "Consiste en capacitarlos para que ellos mismos, como autores de su propio progreso, desarrollen de una manera creativa y original un mundo cultural, acorde con su propia riqueza y que sea fruto de sus propios esfuerzos" (Medellín, Educación, 3).

El documento de Puebla (1979), al estudiar el designio de Dios sobre la realidad de América Latina, refiriéndose en concreto al hombre y el poder, como parte del orden de la creación, y afirma: "desafortunadamente, los mismos poderes políticos y económicos de nuestras naciones más allá de las normales relaciones recíprocas, están sometidos a centros más poderosos que operan a escala internacional… es urgente liberar a nuestros pueblos del ídolo del poder absolutizado para lograr una convivencia social en justicia y libertad" (498 y 501). En las iniciativas prácticas, al final del documento se pide a la sociedad económica a que "los economistas contribuyan con un pensamiento creativo a dar respuestas prontas a las demandas fundamentales del hombre y de la sociedad" (1246).

En 1992, en Santo Domingo, República Dominicana tuvo lugar la IV Conferencia General. Se asevera que aunque crece más la conciencia de su responsabilidad en el mundo y en la misión ad gentes, falta formación y espiritualidad. "Pocos asumen los valores cristianos como un elemento de su identidad cultural y por lo tanto no sienten la necesidad de un compromiso eclesial y evangelizador. Como consecuencia, el mundo del trabajo, de la política, de la economía, de la ciencia, del arte, de la literatura y de los medios de comunicación social no son guiados por criterios evangélicos" (96).

No fue ajeno el tema económico y su relación con la educación en el documento de Aparecida (2007) que contó en su inauguración con la presencia del Papa Benedicto XVI. Al pasar revista a la vida de nuestros pueblos hoy, se constata la aceleración de la historia y los vertiginosos cambios que se están produciendo en el mundo. "Esta nueva escala mundial del fenómeno humano trae consecuencias en todos los ámbitos de la vida social, impactando la cultura, la economía, la política, las ciencias, la educación, el deporte, las artes y también, naturalmente, la religión...en este nuevo contexto social, la realidad se ha vuelto para el ser humano cada vez más opaca y compleja. Esto quiere decir que cualquier persona individual necesita siempre más información, si quiere ejercer sobre la realidad el señorío que por vocación está llamada" (35 y 36).

Vemos, pues, que la preocupación por el discernimiento de la realidad económica en el contexto latinoamericano desde la perspectiva de la fe cristiana ha sido una constante en el pensamiento y la acción del subcontinente. No escapa a la realidad venezolana y a la reflexión sinodal del Concilio Plenario (2006) lo que se presenta como uno de los núcleos problemáticos en el documento acerca de la Evangelización de la cultura en Venezuela. "Del análisis de la memoria histórica, la realidad contemporánea y sus tendencias emerge en el ámbito socio-económico, el marcado contraste entre, por una parte, el empobrecimiento generalizado de las personas, y por la otra, el notable aumento de la riqueza concentrada en el Estado y en algunos sectores económicos, que plantean una serie de interrogantes a la dignidad de la persona humana y a sus correspondientes derechos y deberes, así como al papel del Estado en cuanto gestor y garante del bien común"(53). Por eso, se plantea como un desafío a la conciencia cristiana y a la práctica eclesial, "el empobrecimiento de la población y cualquier voluntad de concentración hegemónica de la economía, sea pública o privada, estatal o trasnacional", lo que obliga "a proclamar y trabajar por el respeto y promoción de la dignidad de la persona humana, la búsqueda del bien común y un desarrollo integral y sustentable" (79). Y, "educar, a la luz del Evangelio, en los valores éticos, cívico-democráticos, políticos y jurídicos, en todos los campos del quehacer humano, que permita superar el sentido personalista, el padrinazgo, el amiguismo, la corrupción, la sujeción ideológica, el soborno como método de obtener beneficios, a fin de fortalecer las instituciones" (86).

Continúa el pensamiento y el actuar cristiano en el ímprobo trabajo de aunar la economía con la dignidad de todas las personas humanas, a través de la educación y el ejercicio de la libertad que conduzca a una mayor equidad. Como afirma Pierre de Charentenay, en las raíces del magisterio del Papa Francisco está Pablo VI dándole actualidad a Ecclesiam Suam y Evangelii Nuntiandi. (ver, Paolo VI alle radici del magistero di Francesco. Librería Editrice Vaticana 2018).

El Papa Francisco esboza en Evangelii Gaudium varios de los desafíos de la inculturación de la fe, haciendo hincapié en algunos aspectos que ponen de relieve los valores provenientes de la fe popular. "No conviene ignorar la tremenda importancia que tiene una cultura marcada por la fe, porque esa cultura evangelizada, más allá de sus límites, tiene muchos más recursos que una mera suma de creyentes frene a los embates del secularismo actual. Una cultura popular evangelizada contiene valores de fe y de solidaridad que pueden provocar el desarrollo de una sociedad más justa y creyente, y posee una sabiduría peculiar que hay que saber reconocer con una mirada agradecida" (68).

Invito a adentrarse en las páginas del libro que prologamos, con el deseo de que provoque en sus lectores una sana confrontación con la realidad que vivimos para que se abra una ventana a la renovación, conversión, exigida por los tiempos que corren para que el mensaje cristiano sea un motor de esperanzas en la construcción de un mundo más justo y solidario. "El gran desafío para nuestra misión evangelizadora es la credibilidad de la oferta salvífica cristiana, su solvencia en relación con los grandes desafíos del siglo XXI. Los problemas del presente son de tales características que la credibilidad del anuncio evangélico se ha trasladado del ámbito de los debates teóricos al de las realizaciones prácticas" (Joaquín Perea. Del Vaticano II a la Iglesia del Papa Francisco. PPC, Madrid 2015, p. 274).

Caracas, 10 de mayo de 2020, memoria de San Juan de Ávila.

Cardenal Baltazar Porras Cardozo
Arzobispo Metropolitano de Mérida y
Administrador Apostólico de Caracas

Introducción

Emergencia educativa en la economía

> Para que las viejas verdades mantengan su impronta en la mente humana,
> deben reintroducirse en el lenguaje de las nuevas generaciones.
>
> Hayek, F. (1959) *Los fun**amentos* *e la liberta*

El Papa Benedicto XVI (1927-)[1] denominó "emergencia educativa"[2] a la dificultad de transmitir a las nuevas generaciones: valores fundamentales de la existencia, un correcto comportamiento y criterios sobre los cuales construir su vida. Sus causas fundamentales son el relativismo, una falsa autonomía que impide el diálogo con el otro, la falta de confianza en la vida y no formar el carácter para superar las dificultades. Lo anterior trae como consecuencia una desesperanza en los deseos profundos de vida plena y en el anhelo de libertad.

Centrados en esta emergencia, el presente texto nace de la extensión universitaria[3] realizada inicialmente por la Cátedra de Introducción a la Economía de la Fa-

---

[1] Los años entre paréntesis separados con un guion representan la fecha de nacimiento y muerte del personaje del que se está haciendo referencia, si está vivo al guion no le seguirá números. Será incluido la primera vez que se cita el autor. Los años entre paréntesis separadas por una línea oblicua, separan el año en que se publicó por primera vez el libro al que se hace referencia y el año de la edición que fue tomada en cuenta para este trabajo

[2] Lo tomado en cuenta por este texto sobre "emergencia educativa" son los siguientes documentos de Benedicto XVI cuyos enlaces presentamos en las referencias de este trabajo: (2007a, 2008a, 2008b, 2008c, 2008d, 2008e, 2010a, 2011a, 2013)

[3] La extensión universitaria es una de las tres funciones de la universidad, junto a la investigación y la docencia, cuyo objetivo es dar un servicio fuera de la comunidad universitaria; tal como lo establece leyes universitarias latinoamericanos y los principios fundamentales de las universidades de acuerdo a la Carta Magna de las Universidades Europeas del año 1988. Por ello, con el

cultad de Ciencias Económicas y Sociales de la Universidad de Carabobo por medio del Programa de Formación Económica para Niños, Niñas y Jóvenes (PFENNJ) propuesto por el Centro de Divulgación del Conocimiento Económico para la Libertad (CEDICE Libertad).

El enlace de la "emergencia educativa" con el PFENNJ nació de la reflexión sobre la definición de universidad señalada por el Papa Alejandro IV (1185-1261) en la carta dirigida a la Universidad de París: la universidad es una "comunidad de intereses espirituales que reúne a profesores y estudiantes en la tarea de buscar la verdad y afianzar los valores trascendentales del hombre"[4].

Ello nos hizo preguntar acerca de ¿cuáles serán esos intereses espirituales y si será posible que perduren en todo tiempo y cultura? ¿Cómo abordar esos intereses en la cátedra de introducción a la economía?

A esas interrogantes empezamos a encontrar respuestas en la Carta Magna de las Universidades Europeas del año 1988 donde se señala que la universidad "contribuye a la tutela y desarrollo de la dignidad humana y de la herencia cultural mediante la investigación, la enseñanza y los diversos servicios ofrecidos a las comunidades locales, nacionales e internacionales"

En consecuencia, planteamos otras inquietudes acerca de ¿cómo las universidades y/o Cátedras de Introducción a la Economía, tutelan y desarrollan la dignidad humana y la herencia cultural? Para dar respuesta a esa pregunta, vimos en la *Ex Corde Ecclesiae* escrita por el Papa Juan Pablo II (1920-2005), la necesidad de valorar la cultura teniendo como criterios el significado de la persona humana en función a su libertad, dignidad, responsabilidad y apertura a la trascendencia; los cuales se consiguen por medio de los aportes de la filosofía y la teología en la integración del saber y que según Benedicto XVI son clave para atender la emergencia educativa.

Esto nos lleva a la necesidad de la constante identificación del fin último y la causa primera de la economía que puede ser encontrada desde la filosofía cuyo objeto de estudio son las relaciones entre la persona, el mundo y Dios. Por ello, en este texto se reflexionará sobre la filosofía de la libertad en la economía porque consideramos a la libertad como el principal motor de la prosperidad dado que "el progreso es la superación de todas las dependencias, es progreso hacia la libertad perfecta", tal como dijo el Papa Benedicto XVI en su encíclica referida a la esperanza.

PFENNJ, los universitarios de Ciencias Económicas comparten con grupos infantiles y juveniles principios básicos de economía de mercado para la formación integral del ciudadano

De esta manera, vemos factible contribuir a la tutela y desarrollo de la dignidad humana en el quehacer universitario con centralidad en la persona y en sus preocupaciones de acuerdo a un "humanismo" unido al fundamento ontológico que lo hace libre.

Lo anterior lleva a preguntarnos ¿cuáles son los fundamentos ontológicos de la persona libre que deben ser tomados en cuenta en la enseñanza de la economía para generar un progreso económico hacia la libertad perfecta? Es allí donde encontramos la necesidad de estudiar a la economía desde la persona conformada por razón, libertad y capacidad de amar que conduce a una pura potencialidad de ser creadora, necesaria para la perspicacia empresarial y relaciones de trabajo basadas en el bien común y la productividad.

Esto conduce a abordar la enseñanza de la economía desde la totalidad de la persona; desde su razón, libertad y cooperación con los demás. De esta manera consideramos a la economía integrada con todas las ramas del saber y damos respuestas a verdades más profundas; con un recorrido filosófico que se pregunta por las verdades fundamentales de la vida cotidiana. Causa por la cual en este texto la filosofía no es tomada en cuenta como una difícil disciplina académica sino como "el arte de ser hombre de manera recta, el arte de vivir y morir" (Benedicto XVI: 2007c, N° 6).

Esta es la razón por la que catorce años después de haber emprendido el Programa de Economía para Niños, Niñas y Jóvenes del Centro de Divulgación del Conocimiento para la Libertad (CEDICE Libertad), presentamos un texto que aborda la filosofía sobre la cual hemos trabajado. El éxito del programa obedece a una constante innovación respaldada en el sentido común refinado por el análisis y la razón organizada, desarrollado sólo con el ejercicio de la libertad. Es por ello que no se presenta la metodología, ni los currículos sino el fundamento teórico de este programa baluarte de la organización. A lo largo de todos estos años esta filosofía ha trascendido a diferentes culturas porque se ha desarrollado en preescolares, escuelas, liceos, zonas rurales y urbanas, grupos scouts, músicos, modelos, bailarines, deportistas, personas privadas de libertad, casas hogares de niños huérfanos, grupos religiosos católicos y evangélicos, entre otros.

En medio de esto, en el mundo actual la enseñanza de economía a niños y jóvenes también ha tomado un crecimiento exponencial, de acuerdo a lo señalado por el Child Youth Finance International (2017), ya que allí existen más de 400 organizaciones registradas en aproximadamente 130 países entre los 5 continentes dedicados en mayor o menor grado a la enseñanza de economía a niños y jóvenes.

Algo en común en las organizaciones del mundo que buscan enseñar economía a niños y jóvenes es cumplir la intencionalidad del eminente pedagogo, matemático y economista Alfred Marshall (1842-1924) quien sostuvo que: "la ciencia económica no es sino operación del sentido común refinado por análisis y la razón organizados" (citado en Ekelund R y Hérber R, 1992 p. 400); de esta manera se supera la corriente positivista, caracterizada por un alto nivel técnico matemático y un reduccionismo de la persona humana.

Aun cuando el predominio de la enseñanza de la economía ha estado encabezada por el lenguaje matemático, con menor influencia el gran pedagogo y economista Frédéric Bastiat (1801-1950), enseñó economía fuera de la corriente positivista con un lenguaje al alcance de personas no conocedoras de las matemáticas e incluso no universitarias, centrada en la libertad como lo señala a conituación:

Cada uno de nosotros ha recibido ciertamente de la naturaleza, de Dios, el derecho de defender su personalidad, su libertad y su propiedad ya que son esos los tres elementos esenciales requeridos para conservar la vida, elementos que se complementan el uno al otro, sin que pueda concebirse uno sin el otro (Bastiat 1850/2016, p.1)

La consolidación de la personalidad, libertad y propiedad los consideramos elementos de los fundamentos ontológicos necesarios para "transmitir a las futuras generaciones" los valores fundamentales y las reglas de comportamiento.

Sin embargo, la corriente positivista de la enseñanza de la economía, reflejada en lo conocido como Teoría Neoclásica, no tiene cabida para abordar la economía desde la personalidad, la libertad y la propiedad.

Una muestra de ello es que al revisar lo que Alemany (2012) evidencia como los cuatro libros más vendidos en España para la enseñanza de la economía a adolescentes[5], se observa un total enfoque en la Teoría Neoclásica muy similar a los programas universitarios de introducción a la economía donde se aborda la pobreza en función a la desigualdad, y no toma en cuenta la acción humana, el papel de la información, la incertidumbre, la valoración subjetiva, la división del trabajo, la cooperación social, la racionalidad, el tiempo, el análisis económico de la política, la perspicacia empresarial, la personalidad, la vida, la propiedad ni la libertad.

---

[5] Estos libros son: Economía, de Penalonga (2015), Economía, de F. Mochón (1993) Economía, de Torres y Lizárraga (2008) y Bachillerato Economía y Organización de Empresas (Bachillerato) de J. Alfaro, C. González y M. Pina.

Por el contrario, el PFENNJ considera la libertad como cimiento de la economía, al elaborar una teoría acorde a nuestra antropología que permita repensar la economía por medio de una racionalidad abierta a la cooperación social. Consideración que también se observa en libros para niños como los de *The Tuttle Twins* (2017), para jóvenes de la Foundation for Economic Education (2016), Education Programs for Students and Teacher del Fraser Institute (2016)

De allí que desde la extensión universitaria desarrollada en el PFENNJ nos preguntamos ¿qué puede saber, hacer y esperar un niño o joven acerca de la economía para ser personas sólidas, capaces de colaborar con los demás y de dar sentido a su vida? Desde otra perspectiva, el educador también se puede plantear ¿qué puede saber, hacer, esperar y cuál es la persona que formaría en la enseñanza de la economía?

Estas preguntas no han conducido a considerar que el fundamento ontológico de la persona se asume como pura potencialidad de ser, porque "la última instancia no son las leyes de la materia y de la evolución, sino la razón, la voluntad, el amor: una Persona" (Benedicto XVI, 2009b, N°5); y esto es lo que hace a la persona creadora y la define como empresario, porque la empresa viene de emprender y esto es una acción ardua que se comienza, es decir, es un esfuerzo de creatividad.

Es importante señalar que, de acuerdo con Ratzinger (1968), un claro fundamento ontológico del ser humano permite diferenciar el mito de la realidad. Estamos convencidos de que esto conduce al desarrollo de la perspicacia empresarial, conocida como esa capacidad de la persona para buscar oportunidades de mejoras respetando el proyecto de vida de los otros y viviendo intensamente lo real.

Para identificar estas oportunidades de mejoras de acuerdo a la expansión de las capacidades de cada individuo es que pretendemos atender la emergencia educativa por medio de la filosofía de la libertad en la economía basada en la persona, el mundo y Dios. Para abordar el objeto de estudio que hemos tomado de la filosofía, tenemos en cuenta a la persona desde una cuestión antropológica que devela las dimensiones humanas dadoras de plenitud; y desde la ética que habitúa en las virtudes necesarias para el éxito de la actividad económica.

Tenemos en cuenta al mundo explicado desde la persona y no la persona explicada desde el mundo. Para ello se hace necesario una epistemología por medio de la ampliación de la razón con libertad, que plantea el Papa Benedicto XVI.

Y finalmente, el interés de la filosofía en Dios obedece a la teología en común entre el agnóstico von Mises y el creyente Benedicto XVI, para diferenciar el mito de la realidad.

Lo anterior lo hemos develado del ejercicio de una enseñanza de la economía sostenida en el desarrollo de las virtudes y las dimensiones humanas, que integra a la misma con las demás ramas del saber. Esto conduce a abordar la economía inspirados en las palabras del Papa Pablo VI en la Organización de Naciones Unidas, acerca de que la Iglesia es experta en humanidad. Por ello dividimos este libro en cinco partes que atienden las siguientes cuestiones fundamentales de la filosofía:

1. En lo **antropológico**, el desarrollo de las múltiples dimensiones humanas, las cuales están contenidas en el *Compendio de la Doctrina Social de la Iglesia*; para llegar a una verdadera autonomía, identidad y convivencia de la persona. De esta manera buscamos hacer economía desde la naturaleza humana, algo ignorado casi en su totalidad en la enseñanza universitaria debido al predominio de la corriente positivista.

2. En lo **epistemológico**, se considera a la persona conformada por la razón más la suma de la voluntad (libertad) y la capacidad de amar. Sostenemos que la razón sin la libertad conduce al marxismo y a un falso amor. En consecuencia, un sistema económico efectivo requiere de la totalidad de lo humano, y desde allí se entiende la verdad contenida en el bien común, la subsidiaridad y la solidaridad libre y voluntaria.

3. En lo ético, concebimos la economía como el **desarrollo de las virtudes cardinales para la producción de riquezas temporales**; con la intención de superar el escepticismo y el relativismo para dar prioridad a lo ético sobre lo técnico, a la persona humana sobre las cosas y así unir el saber a la conciencia que da sentido de trascendencia por medio de círculos virtuosos en la economía.

4. En el **sentido y la belleza**, Esto nos permite identificar a la belleza como la gran necesidad humana debido a la pregunta del Papa Benedicto XVI acerca de: "¿Qué puede volver a dar entusiasmo y confianza, qué puede alentar al espíritu humano a encontrar de nuevo el camino, a levantar la mirada hacia el horizonte, a soñar con una vida digna de su vocación, sino la belleza?"

5. En lo **teológico**, para vivir intensamente lo real y no hacer una economía mitológica con falsas promesas y sostenida en idolatrías que por lo general se desarrollan en líderes del colectivismo que se autodivinizan y que pretenden satisfacer las necesidades de las personas sin que éstas se esfuercen por generar sus propios recursos.

Así pues, se busca aprovechar los aportes de la Iglesia a las realidades temporales con irrestricto respeto a la libertad religiosa, por lo que no se abordan temas de fe, sino de orden social.

De esta manera consideramos que contribuimos con lo mencionado por San Juan Pablo II en su Encíclica Fides et Ratio acerca de que:

> Los conocimientos fundamentales derivan del asombro suscitado por la contemplación de la creación: el ser humano se sorprende al descubrirse inmerso en el mundo, en relación con sus semejantes con los cuales comparte el destino. De aquí arranca el camino que lo llevará al descubrimiento de horizontes de conocimientos siempre nuevos. Sin el asombro el hombre caería en la repetitividad y, poco a poco, sería incapaz de vivir una existencia verdaderamente personal (N° 4)

Esto nos motiva a desarrollar la actividad económica con constante innovación, viviendo una existencia personal por medio de la cooperación social y descubriendo a las virtudes humanas en su área del saber económico.

Capítulo I

Cuestión Antropológica: dimensiones humanas y economía

> "Sin el asombro el hombre caería en la repetitividad y, poco a poco,
> sería incapaz de vivir una existencia verdaderamente personal"
>
> (Juan Pablo II. Fides et Ratio, N° 3)

Las dimensiones antropológicas trabajadas a lo largo de esta obra y que hemos aplicado en el Programa de Formación Económica para Niños, Niñas y Jóvenes (PFENNJ) están sustentadas en el Capítulo III del *Compenrio re la Doctrina Social re la Iglesia* referido a las dimensiones humanas. Ello lo hacemos con la intención de captar y desarrollar en cada quien "las facetas más importantes de su misterio y de su dignidad"; las cuales son posibles al descubrir y desarrollar las siguientes dimensiones del ser humano: la **unidad** de la persona (corporeidad), la **apertura a la trascendencia**, la **libertad**, la **dignidad** y la **sociabilidad**.

Nos motivan estas cinco dimensiones por aislarse de dos extremos perjudiciales para el desarrollo vital. El primero es el individualista nihilista que considera a la persona edificada por sí misma y sobre sí misma, cuya concepción económica justifica cualquier medio sin importar la forma de obtención de la riqueza, la explotación y opresión, sin involucrar a todos los sujetos de la actividad económica (trabajadores y consumidores) en el progreso de la misma; sin tomar en cuenta las oportunidades de encuentro, colaboración y valoración de las capacidades de las personas participantes en la economía.

Estas características del nihilismo coinciden con lo mencionado en el numeral 125 del *Compenrio re la Doctrina Social re la Iglesia* acerca del extremo del individualismo que considera a la persona edificada por sí misma y sobre sí misma sin tomar en cuenta a los demás.

El otro extremo del que se aíslan estas dimensiones es el colectivista; el cual considera a la persona como mera célula de un organismo dispuesto a reconocerle, a lo sumo, un papel funcional dentro de un sistema en donde los intereses del colectivo están por encima del individuo; tal como lo plantea el marxismo, razón por la cual el Papa San Juan Pablo II (1991) dice que: "el error fundamental del socialismo es de carácter antropológico" (N° 13); porque la dignidad humana da primero importancia al individuo y, por consecuencia, luego viene la importancia de la sociedad que está conformada por la totalidad de los individuos.

Por consiguiente, la formación integral en materia económica exige que atendamos cada una de estas dimensiones humanas o antropológicas, en el marco de la emergencia educativa planteada por Benedicto XVI, para que la persona se convierta en lo que es y el bien común se expanda sin límites.

Unidad de la persona (Corporeidad)

La corporeidad de la persona está conformada por dos partes inseparables y diversas pero complementarias: 1) es un ser vinculado al mundo mediante su cuerpo, y 2) un ser abierto a la trascendencia mediante su razón y libre voluntad.

El Compendio de la *Doctrina Social de la Iglesia* sostiene que la unión de ambas partes generan las siguientes características: 1) Unión entre la razón y la libre voluntad con todas las facultades corpóreas y sensibles. 2) El mundo material se convierte en el lugar de la realización y de la libertad de la persona. 3) Se supera la esclavitud al conocer la naturaleza del cuerpo. 4) La persona supera la totalidad de las cosas.

Desde nuestra experiencia hemos identificado que tomar en cuenta las características de la unidad de la persona planteada por el *Compendio de la Doctrina Social de la Iglesia* conduce a un buen análisis económico, tal como lo establece Bastiat (1850/2015):

> Toda la diferencia entre un mal y un buen economista es ésta: uno se limita al efecto visible; el otro tiene en cuenta el efecto que se ve y los que hay que prever (p.1).

De esta manera percibimos que limitarse solo a los efectos visibles sería tomar únicamente en cuenta el vínculo de la persona al mundo mediante su cuerpo, pero si además se considera la apertura a la trascendencia entonces no solo se perciben los efectos visibles sino también los potenciales no captados en la inmediatez. Es así como se cumple con la naturaleza humana descrita por León XIII en la Encíclica Rerum Novarum que abarca "con su razón cosas innumerables, enlazando y relacionando las cosas futuras con las presentes y siendo dueño de sus actos" (N°5).

En el ámbito estrictamente económico, esto sostiene el principio de la economía de la Escuela Austríaca acerca de que al actuar, el hombre pretende sustituir un estado menos satisfactorio por otro mejor. Para ello se requiere una actitud de alerta hacia la mejora continua en el mundo material donde la persona es superior y con capacidad de vivir en armonía.

Este principio tan sencillo de la unidad de la persona permite pasar constantemente de situaciones menos satisfactoria a otra más satisfactoria; lo cual se argumenta con el pensamiento del economista Willam Jevons (1835-1882) al sostener que feliz quien aquel por muy pobre que sea su posición y por limitadas que sean sus posesiones, puede trabajar siempre para conseguir más de lo que tiene y puede sentir que cada momento de esfuerzo tiende a realizar sus aspiraciones.

Esa felicidad es posible al tener la libertad de convertir cosas en medios útiles por medio del uso de la razón y la inteligencia humana. Dentro de un marco educativo, esto nos motiva a tener en cuenta hasta qué punto se desarrolla la corporeidad humana en esa búsqueda de satisfacer necesidades por medio de la economía.

Así mismo, nos parece importante resaltar que las especies no humanas también tienen necesidades pero no hacen economía porque, por una parte, las plantas carecen de consciencia que les permita elegir o actuar y, por otra parte, los animales solo tienen consciencia perceptual, por ello no pueden elaborar conceptos y actuar con arreglos a ellos.

En torno a ello, consideramos que identificar semejanzas y diferencias entre las necesidades de la especie humana con la de las demás especies, y de manera especial con la de los animales, conduce a profundizar en lo que es la corporeidad humana.

Por ese motivo observamos que nuestra naturaleza comparte con las demás especies que seamos seres vinculados al mundo mediante un cuerpo con necesidades universales y repetitivas. Universales por ser las mismas en cualquier parte del mundo, cultura o tiempo; y repetitivas porque una vez satisfechas vuelven a aparecer.

Tal es el caso de la necesidad a comer, hidratarse, distraerse, reposar, comunicarse, protegerse, entre otras. Pudiera ser que algunas de esas necesidades sean propias solo de los humanos, pero lo que queremos plantear es que las necesidades humanas son las mismas dentro de su especie, y la de los animales o plantas también; pero la razón humana hace que esas necesiades se satisfagan de manera distintas entre los humanos con el paso del tiempo, mientras que los animales y plantas la pueden satisfacer de idéntica forma a lo largo de toda la historia.

Esa diferencia en la satisfacción de las necesidades obedece a que los humanos nos diferenciamos de las demás especies por ser abiertos a la trascendencia mediante la razón y libre voluntad que conduce a la acción, es decir, por adoptar valores y fines y por elegir los modos de realizarlos en función de querer más de lo que se tiene. Por ello, las demás especies no actúan, dado que no aspiran a más; solo satisface necesidades inmediatas y de la misma manera.

De allí la obligación a tener un estado de alerta y rechazo a sistemas económicos que animalicen a las personas o que anulen su consciencia al no permitirles desarrollar su perspicacia empresarial para aspirar a más de lo que poseen con base al bien común y sin interferir en el derecho de los demás; porque esto no habilita que el mundo material se convierta en el lugar de la realización y de la libertad de la persona que supera la totalidad de las cosas

En estes sentido, si nos centramos en que la diferencia crucial entre las necesidades de los animales y la de los humanos es que la manera de satisfacerlas es la misma en los primeros incluso con el pasar de los años, pero la manera de satisfacerlas en las personas evoluciona; se puede apreciar que las necesidades no son creadas; lo creado es la forma de satisfacerla, por aspirar que cada vez mejor.

Por ejemplo, el ser humano siempre ha tenido la necesidad de comunicarse con quienes están distantes. A lo largo del tiempo esto se ha hecho por medio de palomas mensajeras, telégrafos, radios, teléfonos, celulares, skype; pero estas formas de comunicarnos no crean nuevas necesidades sino mejores formas de satisfacer la misma necesidad a comunicarse al estar abierto a la trascendencia mediante la razón.

De allí que una pregunta a formularse no es si el mercado está o no generando alguna necesidad, sino si ese bien que ofrece el mercado es el más apropiado para satisfacer de la mejor manera alguna necesidad de acuerdo a la naturaleza de la corporeidad.

Apertura a trascender y unicidad de la persona

De la dimensión apertura a la trascendencia y unicidad de la persona descrita por el *Compenio e la Doctrina Social e la Iglesia* se consideran tres partes: 1) ser abierto a la trascendencia. 2) ser único e irrepetible. 3) con capacidad de respetar la dignidad humana

La primera parte es algo a ser tomado en cuenta en la División del Trabajo para el incremento del potencial cooperando con los demás, incluso con el emprendimiento porque desarrolla la competencia de esforzarse por hacer realidad sus ideas respondiendo a las necesidades de los demás.

Antropológicamente está competencia se despliega desde la apertura a la trascendencia porque consiste en estar abierto al futuro (generando nuevas ideas por medio del emprendimiento) y a todos los seres creados (respondiendo a las necesidades de los demás). Por lo tanto, se está abierto hacia el otro, a los demás y al mundo, porque sólo en cuanto la persona se comprende en referencia a otros, puede descubrir su yo; tal como hemos deducido del personalismo planteado de manera especial por Martín Buber (1942/1967). Eso conduce a salir de sí, de la conservación egoísta de la propia vida, para entrar en una relación de diálogo y de comunión con el otro por medio de la cooperación social y el acuerdo voluntario de dividirse del trabajo.

Esta apertura a la trascendencia en primer lugar la vemos relacionado con la llamada "cooperación social" en la economía; debido a que los humanos no solo anhelan la amistad para sus necesidades espirituales, sino que requieren cooperación para sus necesidades materiales. De allí que, la cooperación económica, especialmente a través del intercambio voluntario crea una interdependencia económica que fomenta la paz, la confianza mutua y la amistad; la cual solo es posible con un sentido de trascendencia.

Solo la cooperación de millones es lo suficientemente productiva como para alcanzar estándares de vida modernos. El comercio es una parte integral de la sociedad civil, que también incluye a todas las demás asociaciones voluntarias: la familia, los grupos religiosos, las organizaciones benéficas, los clubes, las sociedades de ayuda mutua, etc. Este sentido de la trascendencia en la economía

identifica un universo de oportunidades ilimitadas de cambio y mejora continua. Esto es consecuencia de que sólo los seres humanos tienen esa capacidad de ver una oportunidad de mejora incluso donde la inmediatez solo permite ver problemas, porque una características distintiva del ser humano son esas capacidades de enlazar el presente con el futuro, de superar la inmediatez y de enfrentar la incertidumbre para la mejora continua.

Precisamente las necesidades ilimitadas y la insuficiencia de recursos inmediatos para satisfacer los anhelos que se tienen, en armonía con los demás, hace que toda la inteligencia se lleve a ser consciente de las limitaciones externas; ello requiere de accionar y pensar obligado o incentivado por la escasez; pero que cuando la persona esta abierta a la trascendencia, puede llenar de abundancia hasta la aridez de un desierto con total cooperación social.

En cuanto a la segunda característica de esta dimensión: "ser único e irrepetible", consideramos se fomenta en la economía de acuerdo al planteamiento del premio nobel de economía Federich Hayek quien diferenció a las personas autónomas y no autónomas; calificando a las primeras como aquellas que pertenecen a lo denominado por él como verdadero individualismo y a las segundas como las correspondientes al falso individualismo. Cabe resaltar que, las características de lo que el premio nobel de economía F. Hayek denomina "verdadero individualismo", es casi lo mismo a lo conocido por el psicólogo Kohlberg como el final del "proceso de individuación"; y lo referido por Hayek como "falso individualismo" sería lo mismo a un estadio anterior al final del proceso de individuación.

A parte de ello, también es considerable que el "verdadero individualismo" y/o final del "proceso de individuación", corresponde con la "libertad negativa" planteada por filosofo I. Berlin, también conocida como libertad individual; cuya identificación tiene sus raíces en los escolásticos tardíos de la escuela de Salamanca iniciada con los estudios de Luis de Molina (1535-1601), al establecer como "verdadero derecho" a "la capacidad de usar la propiedad sin que la exigencia o reclamación de otro pueda impedirlo" y el falso individualismo, la etapa previa al final del proceso de individuación o la libertad positiva corresponde con lo denominado por los escolásticos tardíos como "falso derecho" por ser "la exigencia o reclamación que quepa ejercer sobre la propiedad de algún".

Luego de ello, se considera de suma importancia la revisión de la capacidad autónoma de la persona, la cual es un proceso hacia la individuación, porque dependiendo de ello se tendrá un: Estado de "verdadero" Derecho o un Estado de "falso" Derecho.

Para la autonomía, de los estudios de Kohlberg se toma en cuenta el proceso de individuación en cuatro posibles partes.

La primera referida a los vínculos primarios, en donde el niño tiene total dependencia a su madre; en el mismo existe una falta total de individualidad, dado que se enmarca en la relación del niño con su madre desde su gestación hasta los primeros años. En términos económicos, estamos atentos a que un adulto no permanezca en ese vínculo primario porque de lo contrario sería un defensor del asistencialismo y la dependencia distinta a las dos categorías, que según Benedicto XVI, ocupan cada vez más el centro de la idea de progreso: razón y libertad.

La segunda correspondería al primer estadio de la moralidad, en donde el niño toma decisiones en función a la autoridad y por ello cualquier intercambio depende totalmente de la voluntad de la misma. Esto conduce a que el niño no cuestione decisiones de sus padres y/o representantes; y si el niño no consigue algo deseado, no percibe que sea por culpa de su padre sino a algún error que el mismo haya cometido.

Por razón de lo anterior, los niños, e incluso los adolescentes, que se encuentran entre este estadio y el siguiente, difícilmente ejercen la libertad negativa, por lo que no se plantean como pregunta: ¿qué puedo hacer? Por el contrario, si pueden ejercer la libertad positiva, dado que con facilidad se preguntan ¿qué me permiten hacer?

La tercera posible parte del proceso de individuación correspondería con el segundo estadio de la moralidad, que por lo general inicia con la adolescencia, la cual tiene características como las siguientes: primero, se toma conciencia de que en el hogar existe un nivel de ingreso pero difícilmente se identifica de donde proviene, se considera tener algún "derecho" a pesar de que no trabajarlo o hacer algún esfuerzo para obtenerlo.

Otra característica de este segundo estadio de la moralidad es que el adolescente establece criterios de decisión de acuerdo a lo que percibe más repetido en las personas que conforman los grupos con los que se siente identificado; por lealtad a los mismos y por apreciar en ellos protección.

De la información presentada se puede deducir que este estadio de la moralidad, contiene los elementos de lo que Hayek denominó "falso individualismo"; debido a que el adolescente toma decisiones en función a lo que considera que le permite hacer al grupo al que pertenece y no un función a lo que pudiera hacer de acuerdo a su patrón de preferencia.

Por lo que se refiere al cuarto momento del proceso de individuación; las personas responden de acuerdo a sus propios principios individuales, el juicio de la conducta se da en función al fuero interior; contrario a la autoridad convencional y se tiene conciencia de contener los propios impulsos. Las normas y los principios dirigen los actos morales antes que los grupos o incluso la sociedad, esto hace que se realicen intercambios voluntarios.

De igual manera, acá podemos empezar a deducir que este estadio de la moralidad corresponde con lo que Hayek (1858) denominó "verdadero individualismo", y que se sustenta en lo conocido como "libertad negativa" y "verdadero derecho". Por ello, esto se relaciona con la individualidad conseguida cuando las personas no acuden al asistencialismo para satisfacer sus necesidades. Se consigue la individualidad cuando la persona reconoce que además de los miembros de la propia familia, grupo, nación, partido, religión, país; todos los seres humanos tienen el derecho a la vida y a la libertad, y que estos están por encima de las convenciones o instituciones sociales o convenciones; que esto se consolide con el Estado de Derecho y garantice que ninguna mayoría puede limitar los derechos.

De lo expuesto, se puede deducir que actualmente las personas adultas pertenecientes a este estadio de la moralidad consideran válido y hasta un derecho que el gobierno satisfaga sus necesidades, que tome sus decisiones económicas

La última característica de esta segunda dimensión se refiere a la capacidad de respetar la dignidad humana, donde el *Compendio de la Doctrina Social de la Iglesia* (2004), sostiene con énfasis lo peligroso para la naturaleza humana de colocar los intereses colectivos por encima del individuo.

La idea de la colectivización es considerada por Juan Pablo II (1991) como un error antropológico porque se cree equivocadamente que cada vez que un individuo trabaja en función a su propio bienestar, de alguna forma atenta contra los intereses colectivos, muy a pesar de la condición de cooperación social. Sin embargo, la relación con los demás es fundamental en el hecho económico; debido a que los agentes económicos representados en las familias, empresas y el Estado, pueden relacionarse para asignar recursos desde la racionalización que haga el Estado, por medio de la violencia o a través de intercambios libres y voluntarios entre los agentes.

De allí la necesidad de observar esta relación desde la perspectiva del filósofo judío Martín Buber (1878-1965), quien lo hace fuera de la corriente positivista y forma base de la concepción antropológica de Juan Pablo II y Benedicto XVI. De esta manera se busca superar el error fundamental del socialismo considerado por Juan Pablo II (1991) al mencionar como este sistema hace perder la libertad por las siguientes razones:

> considera a todo hombre como un simple elemento y una molécula del organismo social, de manera que el bien del individuo se subordina al funcionamiento del mecanismo económico-social. Por otra parte, considera que este mismo bien puede ser alcanzado al margen de su opción autónoma, de su responsabilidad asumida, única y exclusiva, ante el bien o el mal. El hombre queda reducido así a una serie de relaciones sociales, desapareciendo el concepto de persona como sujeto autónomo de decisión moral, que es quien edifica el orden social, mediante tal decisión. De esta errónea concepción de la persona proviene la distorsión del derecho, que define el ámbito

del ejercicio de la libertad, y la oposición a la propiedad privada. El hombre, en efecto, cuando carece de algo que pueda llamar «suyo» y no tiene posibilidad de ganar para vivir por su propia iniciativa, pasa a depender de la máquina social y de quienes la controlan, lo cual le crea dificultades mayores para reconocer su dignidad de persona y entorpece su camino para la constitución de una auténtica comunidad humana. (N° 13)

Esta es la razón por la cual nos apoyamos en el *Compendio de la Doctrina Social de la Iglesia* acerca de que la persona debe ser comprendida siempre en su irrepetible singularidad. Ello guarda relación con lo que llamamos el "ser único e irrepetible" o lo que se conoce en la Escuela Austríaca como "individualismo metodológico"; el cual no consiste en una persona cerrada que no se relaciona ni le importa el otro, sino que de la libertad se desprende la necesidad de análisis económico desde las acciones individuales; porque los seres humanos pueden tomar decisiones solos o en conjunto con otros, pero en todos los casos las acciones que se realizan, las decisiones que se toman, son individuales.

Ello lleva como consecuencia el tomar en cuenta las desigualdades humanas para el intercambio por medio de la cooperación social; porque "el hombre existe ante todo como subjetividad, como centro de conciencia y de libertad, cuya historia única y distinta de las demás expresa su irreductibilidad" (Compendio de la Doctrina Social de la Iglesia: 2004, N° 131); que le permite crear cosas útiles para satisfacer las necesidades de los demás y de esta manera generar riqueza.

En relación a ello, en economía, partimos del entendimiento de que los individuos actúan con determinación para satisfacer las necesidades al lograr ciertos fines. El individuo es la unidad básica de análisis económico. Solo los individuos actúan. Los grupos no actúan. Cuando decimos que una nación o un gobierno "actuó", eso es solo una forma abreviada de decir que ciertas personas con las que nos identificamos con esa nación o gobierno actuaron. Los individuos actúan porque: 1) no están perfectamente satisfechos con las circunstancias actuales, 2) pueden imaginar una manera de lograr un estado futuro preferible, y 3) creen que su acción puede tener éxito en alcanzar ese estado deseado. Si bien la acción individual tiene un propósito, esto no significa que las personas sean perfectamente sabias y nunca cometan errores.

De allí que el sentido de universal tomado en cuenta en el *Compendio de la Doctrina Social de la Iglesia*, al igual que el del PENNJ es el aristotélico, donde no tiene subsistencia el colectivo sino los individuos que lo conforman, cosa distinta a sentido universal platónico, donde se considera al colectivo con vida propia, tal como lo hace el marxismo.

Desde el punto de vista económico, de acá se desprende que los intereses individuales no pueden estar sometidos a los intereses colectivos. Lo anterior trae como
consecuencia la otra característica de esta dimensión: Considerar al prójimo como
otro yo, cuidando de su vida y de los medios necesarios para vivirla dignamente. De
allí se desprende la definición de sociedad, considerada como un conjunto de dos o
más personas que tienen objetivos distintos conviven de manera libre y voluntaria.

Esto sustenta que el factor que provocó la sociedad primitiva y las obras diarias
hacia su intensificación progresiva es la acción humana que está animada por la percepción de la mayor productividad del trabajo logrado bajo la división del trabajo. De
allí surge en economía una ley de asociación donde el incentivo indujo de la gente
a no considerarse simplemente como rivales en una lucha por la apropiación de la
limitada oferta de medios de subsistencia puestos a disposición por la naturaleza;
sino que el impulso permanentemente a unirse entre sí por el bien es la cooperación.
Todo ello sustenta cada paso adelante en el camino hacia un desarrollado por medio
de la división del trabajo al servicio de los intereses de todos los participantes

En cuanto a la tercera característica "en cada persona, su vida, el desarrollo de su
pensamiento, sus bienes, y cuantos comparten sus vicisitudes personales y familiares
no pueden ser sometidos a injustas restricciones en el ejercicio de sus derechos y de
su libertad"; cosa que reitera la necesidad de estudiar la propiedad en la economía;
considerada como un derecho humano en la *Declaración Universal de los Derechos Humanos* y en la *Encíclica Centesimus Annus* de Juan Pablo II.

La cuarta característica referida a que a las personas compete, evidentemente, el
desarrollo de las actitudes morales, fundamentales en toda convivencia verdadera-
mente humana (justicia, honradez, veracidad, etc.), que de ninguna manera se puede
esperar de otros o delegar en las instituciones; se desarrolla el tema 6 referida a la
propiedad, tomando en cuenta incluso la concepción aristotélica de los beneficios
de ser propietario porque permite a la persona realizar de manera libre y voluntario
ayuda a otros; tal como lo dice el tercer principio de la Doctrina Social de la Iglesia: la
solidaridad. Además, el ser propietario de sí mismo genera el sentido de responsabilidad ante la justicia, honradez, veracidad, tan necesario para la existencia de libertad.

La libertad de la persona

La tercera dimensión antropológica presentada por el *Compendio de la Doctrina
Social de la Iglesia* está dividida en: 1) el valor y límites de la libertad, y 2) el vínculo de
la libertad con la verdad y la ley natural.

En cuanto al valor y límite de la libertad se hace referencia al poder de la libertad con responsabilidad. Hacerse responsable de sí mismo en el ámbito económico implica superar la cultura asistencialista y tener motivación a logro de acuerdo a la obtención de recursos con el esfuerzo propio.

En esta dimensión es importante tomar en cuenta la ley natural dado que de acuerdo al Papa Benedicto XVI, el obviar la ley natural y su relación con el ejercicio de la libertad amenaza a la humanidad por ocasionar un relativismo que genera obstáculo a la educación, porque al no reconocer nada como definitivo, el propio yo con sus caprichos se convierte en lo definitivo; y, bajo la apariencia de la libertad, se transforma para cada uno en una prisión, porque separa al uno del otro.

En consecuencia, la utilidad tiene un sentido racional si parte de la identificación de la relación esencial vital de la persona (con el potencial recurso que satisfaga la necesidad) con las demás personas que buscan utilidad y consigo mismo.

Solo así se puede tener la libertad para identificar cualidades en los recursos a ser convertidos en mejores bienes. Por consiguiente, en la utilidad lo sustancial o permanente es la persona y lo accidental para ejercer la libertad es el bien que satisface la necesidad de la persona. De esta manera comprendemos porqué algunos países creyéndose ricos se han vuelto pobres, dado que la presencia de bienes como agua, petróleo, oro, bellezas naturales, madera, entre otros, no son riqueza: son cosas a ser transformadas en medios útiles para los que se deben desarrollar con la libre iniciativa y el trabajo cualidades que los haga útiles.

Esta relación que permite desarrollar cualidades en los medios consiste en movilizar la voluntad de la persona que pretende alcanzar precisos fines y objetivos transformando bienes y servicios útiles.

Es acá donde entra un punto importante: la naturaleza de la libertad sostenida en que somos personas por ser únicos y con la capacidad de ser libres, pero también poseemos una naturaleza que nos obliga a obedecer las leyes naturales para así convertirnos en lo que somos. Esto nos lleva a concluir que somos personas humanas con naturalezas humanas, y el desarrollo de toda educación debe tener en cuenta esta diferencia a partir del aporte del cristianismo en el concilio de Nicea durante el Siglo IV.

Cuadro 1

Diferencias entre persona y naturaleza humana

	Persona	**Naturaleza**
Tipo de realidad en el ser humano	Múltiple en todos los seres: individuo único, irrepetible e insustituible, por eso merece ser nombrada con un nombre propio, porque no es *algo*, sino *alguien*	Común en todos los seres
Consecuencias que generan las acciones	Ejercicio de la libertad	Tipologías representadas en personalidades
Modos de acción	Voluntad	Obediencia a la Ley natural
Función de la razón	La forma de utilizarla es diferente entre cada persona	Es la misma para todos, no admite polilogismos
Criterio de igualdad	Inexistente, por considerar a la personalidad la cual es la que diferencia a cada persona	Establece el carácter, el cual es idéntico en todas las personas y esto es lo que lo diferencia de todas las especies.

Fuente: Elaboración propia

Ante esta alternativa surge la pregunta acerca de qué es lo natural en la economía y que es lo personal. Esta respuesta aparentemente parece respondida desde el seminal estudio de John Neville Keynes (1852-1959) titulado *The Scope and Method of Political Economy* y que profundizó Friedman (1912-2006) con el texto *The Methodology of Positive Economics* en donde se caracteriza a la economía positiva como el estudio del deber ser y a la normativa lo que es. Un resumen de ello se presenta en Chacón (2013) que menciona los dos fenómenos como dos vertientes de la economía:

La primera de ella se conoce como "economía positiva", la cual intenta contestar a las preguntas sobre la forma como funciona el mundo; esta vertiente tiene respuestas correctas o incorrectas, porque describe el funcionamiento "real" de la economía. Además, delimita hasta dónde llega la economía, diferenciándola de los terrenos propios del arte, la política o la espiritualidad.

La segunda vertiente es la "economía normativa", la cual consiste en hacer recomendaciones sobre la forma como la economía "debe" funcionar. Por ende, el método de la vertiente de la economía positiva parte del esquema lógico de deducir a través de "premisas", mientras la economía normativa no tiene la posibilidad de deducir. Mediante los siguientes ejemplos trataremos de diferenciar decisiones que ilustran la metodología de la economía positiva (p.31).

Sin embargo, se podría extrapolar esa diferenciación al punto de vista antropológico e identificar qué es lo natural que no se puede cambiar ni siquiera en el campo de lo normativo y qué es lo personal donde la voluntad puede ejercer cualquier creación por libre iniciativa. De esta manera, sin aislarnos del campo de la utilidad y desde el punto de vista antropológico cabe preguntarse: ¿qué aporta la rama del saber económico a la naturaleza humana? Y ¿qué aporta a la formación de la persona la rama del saber económico?

A la primera pregunta encontramos dos aportes fundamentales: el principio de escasez, presente en todos los primeros capítulos de los libros de introducción a la economía y la capacidad creadora caracterizadora de la perspicacia empresarial propia del género humano.

En primer lugar, el principio de escasez es una relación entre la necesidad de cada persona a aspirar siempre a más y la identificación de potenciales cualidades de los recursos del entorno que hace posible transformarlos para saciar el deseo a querer más. Los textos de economía mencionan esto como una relación entre necesidades ilimitadas y recursos limitados. No asimilar esto conduce a errores antropológicos, como creer que la persona llega a la plenitud "desde fuera, creando condiciones económicas favorables" (Benedicto XVI, 2007c, p. 21).

El error antropológico está en creer que si a una persona se le satisface sus necesidades sin que ésta genere sus propios recursos ni se esfuerce o trabaje para ello, entonces se sustituye su naturaleza creadora por la de dependencia. Es por ello que si se auxilia a un individuo, el siguiente paso es que el auxiliado sepa desenvolverse después de la situación que lo hizo pedir auxilio. Ello sería generador de una verdadera satisfacción garantizadora de futuras satisfacciones porque es el medio para que se conserven los recursos de manera que no se agoten por un uso que no es sustituido ni innovado en la producción.

Una concepción como ésta cambia la concepción de pobreza comparada con la del Diccionario de la Real Academia Española como "falta o escasez", cuya consencuencia es que si a la persona a quien le falta comida, vestido o vivienda se la regala eso, entonces deja de ser pobre y se cambia por una concepción de pobreza como la incapacidad de la persona de generar sus propios recursos para satisfacer sus necesidades; es decir, el reconocimiento de recursos limitados que requieren de ingenio humano para ser transformados de cara a la satisfacción de las necesidades humanas.

Esta diferencia es fundamental al momento de abordar la problemática de la economía, porque no centrarse en la escasez lleva a considerar a la distribución como fundamento del ejercicio económico. Pero en función de la escasez, el fundamento es la producción y el remunerar a cada quien de acuerdo a lo producido.

Esto conduce a la necesidad de una educación que demuestre la autoconciencia que se tiene al reconocer la naturaleza de la escasez donde, por ejemplo, en el hogar los niños identifiquen la proveniencia del nivel de ingreso no obtenido por derecho no trabajado sino al hacer algún esfuerzo para obtenerlo. En consecuencia, la conciencia de escasez lleva a la noción de rentabilidad en cuanto a la capacidad de producir o generar un beneficio adicional sobre la inversión o esfuerzo realizado y no al derecho a obtener la propiedad familiar, donde los "padres, representantes" o "autoridad" son los únicos responsables de las pérdidas. Esto es lo llamado por Berlin como el extremo de la libertad positiva, aceptada para los niños y adolescentes debido a que aún no tienen las habilidades e independencia biológica suficiente para satisfacer sus necesidades y por ello disfrutan su riqueza solo exigiendo al resto de las personas, incluyendo sus padres o representantes, a abstenerse de obligarlos u amordazarlos, a no agredirlos y a no impedirles de disfrutar y disponer de lo que han obtenido como suyo. Pero, si se llega a adulto sin esta noción de rentabilidad, puede ser que no busque al padre o representante para pedir protección sino al Estado.

Esto demuestra que la escasez es un relación esencial vital entre la persona y el mundo para la obtención de satisfacción por medio de la elección de fines y medios. La escasez no puede ser indentificada como una relación esencial vital con otras personas, porque ello generaría dependencia, y peor aún, al renunciar a la responsabilidad de mantenerse a sí mismo, se rompe con el derecho de propiedad conducente al respeto del otro.

Por lo tanto, una relación esencial vital con el mundo como el de las necesidades humanas y los recursos disponibles a ser transformados mantiene un orden cuando está basado en un sistema de derechos de propiedad, porque el sentido de propiedad hace tomar conciencia de que se es dueño de sí mismo. Al tomar en cuenta a la propiedad de la propia persona que lo hace dueño de sí mismo, al orden de relaciones establecidos por la economía no le da cabida sobre la manera en que se satisfacerán las personas, pero el respeto al principio de escasez como parte de la naturaleza humana es necesario debido a que ello establece un orden a uso de los recursos escasos para satisfacer las necesidades ilimitadas.

De allí la necesidad de asumir que la escasez es la limitación impuesta por la naturaleza al hombre, dando inicio a la identificación de un universo de oportunidades ilimitadas al desarrollar el razonamiento que convierta cosas en medios útiles. A partir de allí surge otra pregunta: ¿Qué hace que se tenga más o menos satisfacción por una cosa que por otra? Acá, el principio de escasez también juega un papel fundamental en conocer esta naturaleza del ser humano. Hasta el momento hemos mencionado que la escasez obedece al deseo de los seres humanos de querer más de lo que tienen, porque las necesidades básicas son universales y repetitivas y la manera de satisfacerlas evoluciona en cantidad y calidad de manera expansiva o contagiosa. Además, el potencial creador del ser humano conduce a asignar los recursos disponibles para la obtención de una mejor calidad de vida.

De esta manera, en la rama del saber económico se puede encontrar la mejor manera de satisfacer necesidades ilimitadas por medio de recursos escasos. Esto implica estudiar cómo eligen los individuos en condiciones de escasez. En consecuencia, el éxito de una economía se mide por la capacidad de proveer los medios para que la gente por sí misma transforme cosas en medios útiles para satisfacer necesidades. De esta manera podemos aseverar que la economía es exitosa cuando en las relaciones de los ciudadanos de una sociedad existen las condiciones para desarrollar el ingenio que transforma las cosas de su entorno en medios útiles, siempre que se respete el ingenio de los demás.

La reserva a esta aseveración de transformar cosas en medios útiles sería el controlar el consumo, para de esta manera distribuir los bienes para todos. Sin embargo, a esta aspiración del hombre a querer más, limitar el consumo implicaría atrofiar su capacidad creadora e innovadora. Ahora de la aseveración planteada, en el ámbito de la utilidad, ¿cuáles serán esas condiciones? Primero, aceptar la naturaleza humana de que lo más valorado es lo más útil y escaso. Para ello hay que tener autoconciencia de los determinantes del valor o nivel de satisfacción acerca de las posesiones o deseos, sin importar si otros también lo valoran de esa manera. Esto es posible si se tiene un desarrollo del conocimiento y aceptación de sí mismo a través de lo establecido por Menger (1871) en cuanto a que "el valor no es algo inherente a los bienes sino que depende de la importancia que cada persona le dé a ellos", porque para establecer importancia a partir de la persona, se debe tener confianza en sí mismo.

Igual dignidad humana

Para el *Compendio de la Doctrina Social de la Iglesia* la igual dignidad humana tiene las siguientes características: 1) la igualdad de todas las personas está en su dignidad. 2) La dignidad conduce a igualdad de oportunidades entre el hombre y la mujer y en garantizar una igualdad objetiva entre las diversas clases sociales ante la ley para crecimiento común y personal de todos. 3) Supera desigualdades y formas de dependencia; razón por la cual utilizamos a la dignidad humana como elemento fundamental para una superación de la cultura asistencialista. 4) El individuo antecede a la sociedad y no tiene sentido que los intereses del colectivo estén por encima de los intereses del individuo.

Consideramos que desde el punto de vista económico, lo que tenemos en común todos los humanos es nuestra dignidad, de allí la importancia de identificar y apreciar eso en común para desarrollar desde allí nuestras diferencias e intercambiar y fomentar una cooperación sustentada en un crecimiento individual, que a la final se transforma en un crecimiento social.

La identificación de lo que tenemos en común lo conseguimos otra vez al comparar a los humanos con las demás especies, porque es allí donde descubrimos el carácter de la persona conducente a la igual dignidad humana. Dado que el carácter es lo común entre todos los seres humanos, necesitamos desarrollarlo para que de esa manera cada persona ejerza libremente su personalidad (lo que la diferencia de los otros humanos) y así generar la cooperación social por medio de la división del trabajo al intercambiar de manera libre y voluntaria lo que sabe hacer de acuerdo a las diferencias con el otro.

Por consiguiente, a manera de síntesis presentamos un cuadro de diferencias entre lo que es común y/o propio en los humanos para satisfacer sus necesidades de lo común y propio de los animales para lo mismo. Ello con la intención de sostener que cuando alguna persona no puede satisfacer necesidades como humano sino como un animal, entonces pierde su dignidad desde el punto de vista económico.

Cuadro 2

Comparación de satisfacción de necesidades humanas y animales

Variable	Humanos	Animales
Manera de satisfacer las necesidades	Se perfecciona la creación de bienes para satisfacer mejor las necesidades	Siempre lo hacen de la misma manera
Instrumento utilizado para satisfacer las necesidades	La razón	Los instintos
Capacidad óntica	Busca cada vez ser más humano al superar la violencia por medio del derecho de propiedad	No se esfuerza por ser animal, está en su plenitud
Conducta salvaje	La abandona cuando comprende que las acciones realizadas bajo la división del trabajo dan mejores frutos	Si su instinto es salvaje, siempre ve en el otro a su enemigo
Relación con el entorno	Existe la posibilidad de un empresario que ofrezca satisfacer necesidades del otro de mejor manera.	La escasez de los recursos puede obligar a destruir al que tiene algo que necesite
Capacidad de transformación	La razón convierte cosas en medios utiles	No convierte cosas en medios útiles
Nivel de satisfacción	Cada individuo evalúa la utilidad de acuerdo con su propia concepción, por lo que existen personas que satisfacen la misma necesidad con bienes distintos	Todos satisfacen la necesidad con el mismo tipo de bien
Relación entre el presente con el futuro	Tiene capacidad de generar expectativas futuras y cambiantes porque sus percepciones no son singulares sino con vínculos que originan cosas novedosas y muchas veces impensables por generaciones pasadas.	Se satisfacen necesidades con el uso de las cosas al alcance inmediato, y no podrían ir más allá, puesto que son movidas sólo por la percepción de las cosas singulares

Relación esencial con el mundo	Genera mundos creando posibles relaciones con el medio más allá de su necesidad biológica momentánea.	Tienen una imagen del medio fundada en la memoria corporal que va en función de sus necesidades biológicas donde solo usan las cosas
Mecanismo para desarrollar las relaciones vitales con el mundo, las personas y el misterio	La propiedad privada desarrollada con la razón	El instinto. No es propietario porque no transforma el recurso, ni crea mecanismos para intercambiarlo de manera libre y voluntaria con otros seres

Fuente: Elaboración propia

Sociabilidad

La socialización humana es la base de la cooperación económica y del emprendimiento tanto social como financiero. Esta dimensión se observa, por ejemplo, de manera especial en el empresario Siervo de Dios Enrique Ernesto Shaw (1921-1962); quien está en proceso de beatificación por promover e impulsar el crecimiento humano de sus trabajadores inspirándose en la Doctrina Social de la Iglesia, generando una sociabilidad humana que se caracteriza por un ser que responde a sus propias necesidades sobre la base de una subjetividad relacional, es decir, como un ser libre y responsable, que reconoce la necesidad de integrarse y de colaborar con sus semejantes y que es capaz de comunión con ellos en el orden del conocimiento posible en los mercado y del amor factible en la gratuidad; porque toda sociedad es digna cuando cada uno de sus miembros, gracias a la propia capacidad de conocer el bien, lo busca para sí y para los demás generando intercambios comerciales que sean beneficiosos para todos los implicados.

De igual manera, la sociabilidad humana no es uniforme, sino que reviste múltiples expresiones, que en términos económicos cada quien es remunerado de acuerdo a sus aportes

Por último, la "socialización" es base de la división del trabajo económica porque expresa la tendencia natural que impulsa a los seres humanos a asociarse con el fin de alcanzar objetivos que exceden las capacidades individuales, desarrolla las cualidades de la persona, en particular, su sentido de iniciativa y de responsabilidad y ayuda a garantizar sus derechos y a producir bienes y servicios en función al bien común.

No tener en cuenta esta naturaleza de la socialización conduce a cometer los errores antropológicos de Marx que "ha dejado tras de sí una destrucción desoladora" (Benedicto XVI, 2007c, N° 21) porque el materialismo propuesto por Marx no se percata de que "el hombre no es sólo el producto de condiciones económicas y no es posible curarlo sólo desde fuera, creando condiciones económicas favorables" (Benedicto XVI, 2007c, N° 21), sin importar el desarrollo de su iniciativa. Puesto que las condiciones económicas desde fuera no tienen valor íntrinseco, el valor es generado en la conciencia de la persona que puede crear riqueza y no espera a que la riqueza le venga desde afuera.

Por otra parte, al identificar la capacidad creadora como elemento fundamental de la sociabilización, porque se crea para si mismo y para los demás, se percibe al cambio como el elemento más natural del ser humano debido a la pura potencialidad de ser de cada persona, que lleva a esa capacidad creadora humana conducente a observar en la innovación la única constante en la formación sin límites de la persona en relación con su entorno.

De igual manera, la capacidad creadora dentro de la sociedad da cabida a la incertidumbre, pues los sucesos dependen de un conocimiento empresarial futuro aún no creado; cosa contraria a la racionalidad positivista propia de los textos de introducción a la economía, donde la predicción es un objetivo buscado de manera deliberada.

Lo anterior trae como consecuencia concepciones diferentes de seres humanos, unos preparados para la incertidumbre y para desarrollar su capacidad creadora aceptando la posibilidad de cometer errorer, o el Homo economicus que actúa de forma racional frente a los estímulos recibidos, donde todo se racionaliza para la predicción exacta con búsqueda constante hacia el equilibrio, con información plena.

La formación de personas y la economía

De lo mencionado anteriormente, podemos diferenciar tres tipos de personas a formar en el área económica: quienes desarrollan la capacidad creadora propia del ser humano con aceptación del desequilibrio; el *homos economicus* que maximiza su beneficio en búsqueda de equilibrios y quienes sustituyen la cooperación por la lucha de clases[6], tal como presentamos a continuación.

Cuadro 3

Tipos de persona a formar en la economía

	Desde la antropología de la economía	Desde el Homos Economicus	Desde el materialismo marxista
Interioridad	Juzga sobre la significación que tienen los bienes por la conservación de su vida y de su bienestar. No existe fuera del ámbito de su conciencia. Se supera a sí mismo para crear cosas nuevas que satisfagan necesidades propias y de los demás. No se deja encerrar en los límites de su egoísmo	Individualismo extremo: el hombre es la única medida de sí mismo y el único criterio de valoración de la realidad y de sus propias opciones	Los intereses externos son más importantes que los intereses internos
Tipo de temperamento	Innovador, suspicaz y cauteloso. Con la industria crea y con el derecho defiende su propiedad	Industrial separado del derecho	Guerrero: producto de la búsqueda de confianza y seguridad. Obtiene del otro lo que considera le pertenece, con la fuerza como medio de justificación
Afrontamiento	De acuerdo a Benedicto XVI (2006 a) como el universo está estructurado de manera inteligente, existe una correspondencia profunda entre nuestra razón subjetiva y la razón objetiva de la naturaleza, pero la nueva oleada de ilustración y		Polilogista: atribuye diferentes formas de lógica a los diferentes grupos, que pueden incluir grupos por motivos de raza, de género, de clase, o período de tiempo. La vida se convierte en una lucha entre ricos y pobres. Se progresa solo con lucha de clases.

	de laicismo, por la que sólo sería racionalmente válido lo que se puede experimentar y calcular, mientras que en la práctica, la libertad individual se erige como valor fundamental al que todos los demás deberían someterse. Vuelco del punto de partida de esta cultura hacia el hombre y su libertad		
Tipo de satisfacciones	Estrictamente individuales	Se maximizan	Colectivas, se cree que la satisfacción de uno satisface a otros sin haber consumido el bien
Tipo de esperanza	Con certeza solo en la naturaleza humana que va hacia la incertidumbre de una constante innovación con novedades difícil de preveer acerca de las nuevas maneras de satisfacer necesidades.	Con certeza en el futuro	Un futuro totalmente pronosticado, tradicionalmente llamado milenarismo, donde se preveen las nuevas maneras de satisfacer las necesidades y defender los recursos actuales

Fuente: Elaboración propia

Con lo mencionado hasta el momen que la emergencia educativa es abordada cuando se atiende la formación de la capacidad natural para realizarnos como personas con carácter. De esta manera, al desarrollar las dimensiones humanas presentes en todo tiempo y cultura, se obtiene el carácter que conduce al éxito en el ámbito de la economía; o dicho de otra manera, se desarrolla el carácter personal que conduce al éxito para que cada persona, sus familiares, sus comunidades y la sociedad en general prospere con libre iniciativa sin ocasionar el sufrimiento a nadie, y viendo mejores condiciones para los necesitados.

Algunos respaldos de los conceptos del Capítulo 1

Concepto	Respaldo
Dimensiones humanas o antropológicas	Compendio de la Doctrina Social de la Iglesia (2004). N° 223
Felicidad en la economía	Jevons, en Ekelund, 1992, p. 378
Personalismo	En nuestros estudios se toma en cuenta a Buber (1968-1965) de una manera especial por ser una pieza fundamental de la filosofía del personalismo que aportó al Concilio Vaticano II, fue seguida por Juan Pablo II y Josep Ratziger en su autobiografía titulada "Mi Vida" resalta la importancia de sus aportes para la comprensión del hombre moderno
Verdadero y falso individualismo	Hayek (1958). Individualism: True and False", in Individualism and Economic Order
Proceso de individuación	Kohlberg (1976). Moral stages and moralization
Razón y libertad como categorías del progreso	Benedicto XVI (2207) Spe Salvi, N° 18
La ley natural planteada por Benedicto XVI	Benedicto XVI. (2005). Discurso a la Curia Romana sobre el significado de Vaticano II
Libertad negativa y positiva	Berlin (1958), "Two Concepts of Liberty".

Capítulo II

Cuestión epistemológica: razón con libertad o con polilogismo

> "Hay dos categorías que ocupan cada vez más
> el centro de la idea de progreso: razón y libertad"
>
> (Benedicto XVI, Spe Salvi, N° 18)

Persona: razón, voluntad y amor

Conocer, juzgar y crear la realidad no es posible solo desde la razón, porque la persona además de la razón está conformada por la voluntad y el amor; o dicho de otra manera, la persona es un ser con inteligencia (proveniente de la razón), libertad (proveniente de la voluntad) y capacidad de amar (proveniente del amor); tal como. Es así como consideramos que la razón se amplía cuando acepta su complementariedad con la voluntad y el amor.

En otra época, considerar a la economía desde la totalidad de la persona ha sido tomado en cuenta por la Segunda Escolástica de la Escuela de Salamanca durante el Siglo XVI y posteriormente por Jean Baptiste Say por medio de la ley natural; pero actualmente este enfoque de la ley natural ha sido muy ignorado y con mayor énfasis en la gran mayoría de las actuales escuelas de economía a nivel mundial.

En consecuencia, para ampliar la razón de la enseñanza de la economía tomamos en cuenta el método de esos pensadores en cuanto a que: 1) la economía no se funda en hechos estadísticos; sino en las implicaciones deductivas de los hechos encarnados en la naturaleza humana producto de la ley natural. 2) los planteamientos económicos no son hipótesis provisionales que deban probarse con los hechos. 3) las conexiones y regularidades de la economía, por darse a partir de la naturaleza, puede ser comprendida por todo entendimiento inteligente; y por eso la enseñamos a niños.

Por consiguiente, tomar en cuenta la totalidad de la persona, razón-libertad-capacidad de amar- nos conduce a la búsqueda de la verdad en primer lugar rechazando al relativismo; debido a que, tal como mencionó René Descartes, si las personas no tienen las mismas conclusiones es porque están razonando de manera distinta, por lo tanto no es posible tener distintas verdades, pero si es posible razonar con diferencias, de manera especial cuando no se toma en cuenta a la complementariedad de la ley natural en la libertad y capacidad de amar de la persona al momento de razonar.

Los polilogismos mencionados por Mises

Ello nos conduce a respaldar la idea de la razón iniciada por Descartes (1637/2000) al sostenerla como "puramente igual en todos los hombres" (p. 33). Esto garantiza la falacia de los polilogismos que dañan al ejercicio de la actividad económica desarrollado principalmente por la propuesta marxista. Aquí es necesario detenernos en su definición:

> El polilogismo marxista asegura que la estructura lógica de la mente varía según las distintas clases sociales. El polilogismo racista difiere del anterior tan sólo en que esa dispar estructura mental la atribuye a las distintas razas, proclamando que los miembros de cada una de ellas, independientemente de su filiación clasista, tiene estructura lógica dispar (Mises: 1945/2010, p. 127).

De esa manera se deduce la desconfianza entre clases sociales generadas por los poliglotismos, debido a una falsa concepción de la naturaleza de la razón, o como diría Juan XXIII (1961) la "lucha de clase es contraria a la naturaleza humana" (N° 23); por creer que la estructura lógica de la mente difiere de acuerdo a la clase, raza o nación. Una de las debilidades de esta falacia se puede apreciar al tratar de responder cuándo y cómo el proletario que logra elevarse a la condición de burgués pierde su originaria mentalidad proletaria para adquirir la burguesa.

Desplazar a los polilogismos del análisis económicos nos ayuda a pasar de una lucha de clases a una conciliación de clases; porque, tal como plantea el Papa Pablo VI (1971) "la lucha de clase y su interpretación marxista conduce a una sociedad totalitaria y violenta" (*Octogesima A·veniens* N° 34). Por lo que se puede deducir que una razón que no toma en cuenta la libertad del otro no llega a una verdadera capacidad de amar e impone venganza incluso por hechos que no existen. Esta superación del polilogismo y conciliación de clases develada por el Magisterio de la Iglesia es necesaria abordarla en los temas de Cooperación Social de la Introducción a la Economía.

Luego de lo planteado podemos inferir que considerar a la razón sin la voluntad conducente a la libertad y a la capacidad de amar, puede llevar a la llamada fatal arrogancia planteada por Hayek; que justifica el exceso de planificación centralizada, yendo contra el libre albedrío y la libre iniciativa defendida por el Compendio de la Doctrina Social de la Iglesia en los numerales 338 al 342. Por ello podemos mencionar que una de las razones por las que "la solución marxista ha fracasado" (Juan Pablo II: 1991, N° 42); obedece a un gobierno que participa en la economía planificando todo; creyendo en un cientificismo absoluto que permite conocer los detalles de toda la economía; razón por la cual entendemos que el Papa Benedicto XVI considera a la "crisis de confianza en la vida" como una de las causas de la emergencia educativa, conducente a acabar con el libre albedrío y llevar a que sea un ente centralizado el dueño de los factures de producción y así decida qué, cómo y para quién se produce.

Tomando distancia de la visión marxista, la ampliación de la razón del requiere de la voluntad conducente a la libertad y de la capacidad de amar; tres elementos de la persona con igual importancia. De esta manera, en el plano de las realidades temporales en el que se ocupa la economía, se puede apreciar la riqueza de los principios de bien común, subsidiariedad y solidaridad.

Es así como desde la verdadera naturaleza humana se hace necesario promover que la solidaridad sin subsidiariedad puede degenerar fácilmente en asistencialismo, mientras que la subsidiariedad sin solidaridad corre el peligro de alimentar formas de localismo egoísta.

En la complementariedad entre subsidiariedad y solidaridad vemos una aplicación a lo que el Papa Benedicto XVI menciona sobre la necesidad de "ampliar nuestro concepto de razón y de su uso para conseguir ponderar adecuadamente todos los términos de la cuestión del desarrollo y de la solución de los problemas socioeconómicos" (Benedicto XVI, 2009c N°, 31).

En medio de esto, cabe mencionar la Teoría Neoclásica, predominante en el mundo para estudiar y enseñar economía no sólo en las universidades sino también a niños y jóvenes, la cual tiene un "concepto estrecho de racionalidad" (Huerta, 1997 p, 3) basado en una teoría de decisión para la maximización sometida a restricciones, distinta a la Escuela Austríaca sustentada en una teoría de la acción humana entendida como un proceso dinámico.

El mencionado concepto estrecho de racionalidad dado por Huerta (1997), nos conduce a preguntarnos sobre sus características y allí encontramos respuestas en lo que el Papa Benedicto XVI (2006d, 2007d, 2008g, 2008j. 2009b) mencionó sobre la necesidad de ampliar la razón de la siguiente manera: Se percibe un apoyo en Buber (1942) en cuanto a que con la modernidad el mundo es explicado desde el hombre y no el hombre explicado desde el mundo, esto obedece al descubrimiento del yo a partir del método cartesiano.

Esto nos da un estado de alerta acerca de hasta qué punto la Teoría Neoclásica explica a la persona desde el mundo al tomar en cuenta restricciones externas para maximizar beneficios y hasta qué punto la Escuela Austríaca explica al mundo desde la persona al tomar en cuenta su potencial empresarial centrado en la incertidumbre y capacidad creadora de cada yo individual.

Sin embargo, también cabe acotar que el descubrimiento del yo también se ha hecho desarrollado de varias maneras. Una de ellas es la develada por la Iglesia, la cual vemos condensado en *el Compendio de la Doctrina Social de la Iglesia* como consecuencia de la concepción del hombre moderno identificada en el Concilio Vaticano II el cual, para efectos de este texto, se ve condensado en el Capítulo III de este valioso documento: "La Persona Humana y sus Múltiples Dimensiones"; la cuales la conforman: la unidad de la persona, apertura a la trascendencia y unicidad de la persona, la libertad, la igual dignidad de toda las personas, la sociabilidad humana; las cuales dan respuestas acerca de cómo vivir a plenitud para el supremo bien, la complejidad, totalidad y la unidad del ser humano (Véase Compendio de la Doctrina Social de la Iglesia Nº 128).

Estas dimensiones no son producto del método hipotético deductivo que predomina en las universidades y por lo tanto en la Teoría Neoclásica de la economía, sino que son producto de una epistemología apriorístico-deductivos, como la Escuela Austríaca desarrolla.

Otra posible manera de conducir al yo en estos tiempos modernos es a través del escepticismo y el relativismo, los cuales son altamente denunciados tanto por teólogos como el Papa Benedicto XVI o por ateos como Habermas (1929-); quienes sostienen en común, tal como lo demostraron en el debate que tuvieron en el año 2005; que la crisis de la modernidad (época actual) está en una falsa concepción del yo, por lo tanto, cuando la persona no se convierte en lo que es, trae como consecuencia una destrucción humana producto del relativismo y el escepticismo, los cuales son las grandes amenazas de la modernidad, de acuerdo a estos dos pensadores, y que para nosotros también son las grandes amenazas de la enseñanza de la economía.

Cabe mencionar, que ambos pensadores, en su trayectoria académica sostienen que ese escepticismo moderno o contemporáneo conduce a métodos que no dan respuesta al hombre actual; donde por parte del escepticismo tenemos a: el 1) Positivismo, que solo considera las certezas verificables a posteriori por lo que atrofia la facultad a priori de la razón. 2) al Historicismo, que considera que lo verdadero de un momento no es verdadero para otro y ello puede relativizar derechos humanos que trascienden todo tiempo y cultura como el de la propiedad. 3) Materialismo, que entre otras cosas, no permite identificar que la persona no es sólo el producto de condiciones económicas y no es posible curarlo sólo desde fuera con condiciones económicas favorables. 4) el Pragmatismo donde la inmediatez de lo útil puede estar por encima de la verdad de los derechos del otro. De igual manera, tener en cuenta al relativismo obvia la naturaleza humana perdurable que conduce a libertad por medio de una ley natural de la economía.

Esta diferencia de racionalidades genera inquietudes acerca de las cualidades de la misma para abordar la dificultad de transmitir a las futuras generaciones algo válido, reglas sólidas de comportamiento, objetivos creíbles en torno a los cuales construir la propia vida; lo que conduce a la necesidad de observar el carácter distintivo poseído desde la infancia por la naturaleza de la razón humana; para ser capaces de cooperar con los demás con autonomía por medio de la libertad.

Por ello, seguimos apostando a aportes de la Escuela Austriaca que compaginan con las dimensiones humanas de la Doctrina Social de la Iglesia, por tener un razonamiento apriorístico-deductivos, el cual consiste en una separación radical y, a la vez, coordinada entre teoría e historia, donde la historia no puede contrastar teorías y no hay cabida para la contrastación empírica de las hipótesis porque se develan principios generales que trasciende todo tiempo y cultura.

De igual manera, en la Escuela Austríaca la racionalidad se desarrolla en lógica verbal abstracta y formal que da entrada al tiempo subjetivo y a la creatividad humana; contrario al formalismo matemático reflejado en un lenguaje simbólico propio del análisis de fenómenos atemporales y constantes. Así se puede observar que, en la racionalidad usada por la Escuela Austríaca hay posibilidad para la incertidumbre, pues los sucesos dependen de un conocimiento empresarial futuro aún no creado, mientras que en la racionalidad usada por la corriente positivista, la predicción es un objetivo buscado se da de manera deliberada.

Lo anterior trae como consecuencia concepciones diferentes de seres humanos, donde por una parte la Escuela Austríaca lo hace dando protagonismo a la función empresarial, mientras la Teoría Neoclásica observa a la persona desde el concepto de *Homo Economicus* que actúa de forma racional frente a estímulos recibidos. Esto hace que desde la función empresarial sea viable cometer errores empresariales "puros", a diferencia de la teoría neoclásica donde no hay cabida para ello, aparte de que la manera de hacer servir la racionalidad en la teoría neoclásica es con información plena y se manejan con modelos de equilibrio, mientras que, para los austríacos, la información está dispersa y cambia constantemente.

Sin embargo, es pertinente abordar ambos enfoques desde lo que el Papa Benedicto XVI sostiene como la emergencia educativa debido a una crisis de la modernidad, no dada por la centralidad en la persona ni en sus preocupaciones, sino por tomar en cuenta un humanismo separado de su fundamento ontológico.

Por ello, el Papa Benedicto XVI sostiene que el principio educativo principal de la persona está en que la misma se convierta en lo que es; pero esto parece ser contrario a la instrucción de acumulación de conocimientos o habilidades que impiden la "paideia" buscada desde la época de Platón, la cual consistía en una formación humana en las riquezas de una tradición intelectual orientada a una vida virtuosa.

Razón, libertad y cooperación para atender la emergencia educativa

En este sentido, surge la inquietud de abordar la razón, la libertad y la cooperación como elementos fundamentales para atender la emergencia educativa debido a que la educación debe estar dirigida hacia el desarrollo de la totalidad de la persona, la cual está conformada por la razón, la voluntad y el amor; porque al obviar a la libertad y al amor de la formación de la persona, la razón queda reducida a lo que se puede calcular y manipular, además de generar "formas débiles y desviadas del amor y falsificaciones de la libertad" (Benedicto XVI: 2006a, N°40).

Todo lo anterior hace deducir la necesidad del estudio de la cuestión antropológica y ontológica en la enseñanza de la economía, porque toda ciencia requiere claridad sobre su fundamento ontológico dado que el problema de la educación, definida como "La formación de las nuevas generaciones, su capacidad de orientarse en la vida y de discernir el bien del mal, y su salud, no sólo física sino también moral" (Benedicto XVI, 2008c, N° 1) estriba en "formar a las nuevas generaciones para que sepan entrar en relación con el mundo, apoyadas en una memoria significativa que no es sólo ocasional" (Benedicto XVI, 2010, N° 20); por lo que "se trata de la formación de la persona humana, preparándola para vivir en plenitud" (Benedicto XVI, 2010c, N°2).

De allí que, "la educación no se puede reducir a una mera transmisión de conocimientos y habilidades que miran a la formación de un profesional, sino que debe abarcar todos los aspectos de la persona, desde su faceta social hasta su anhelo de trascendencia" (Benedicto XVI, 2011, N° 12). Razón por la cual educar significa conducir a las personas fuera de sí mismas para introducirlas "en la realidad, hacia una plenitud que hace crecer a la persona" (Benedicto XVI, 2012, N° 33). Y todo ello lleva a pensar en ¿Qué idea de la persona subyace en lo que se aprende o enseña de economía? y ¿hasta qué punto el *Homo economicus* estudiado por la economía no responde a las realidades sociales? O dicho de otra manera, ¿cómo es abordada y como abordar la epistemología en la enseñanza de la economía?

Por dicho motivo, en cuanto a la pregunta Kantiana ¿qué puedo saber?, el Papa Benedicto XVI también sostiene la necesidad del ensanchamiento de la comprensión de nuestra racionalidad, para superar la preeminencia de una cultura positivista y relativista conducente a la insondable división de saberes y a la extrema especialización en el ambiente educativo que obvia la visión de conjunto que da sentido a cada ciencia específica.

En medio de este ensanchamiento de la razón, (2009b) plantea superar el conflicto irreconciliable entre la ley divina y la libertad humana; hecho que es posible al observar aportes del cristianismo a la economía de manera especial durante la edad media con la escolástica y en la alta edad media con la escolástica tardía, donde se desarrolló a la ley natural como base de la economía.

Sin embargo, casi nada de los aportes de la escolástica tardía es tomado en cuenta en la enseñanza de economía de las principales universidades del mundo y ni en los programas de economía para niños y jóvenes. Muestra de ello es que los escolásticos tardíos son obviados en los libros de historia del pensamiento económico, a pesar de que a partir de Rothbard (1995) se le está dando importancia a los aportes de estos grandes pensadores, sobre todo en las implicaciones de la economía en el ejercicio de la libertad.

Esta importancia de la ley natural para la libertad es mencionada por el Papa Benedicto XVI en Celebración de la XLV Jornada Mundial de la Paz al mencionar que el ejercicio de la libertad está íntimamente relacionado con la ley moral natural, que tiene un carácter universal, expresa la dignidad de toda persona, sienta la base de sus derechos y deberes fundamentales, y, por tanto, en el último análisis, de la convivencia justa y pacífica entre las personas. Fenómeno contrario a la amoralidad que caracteriza la enseñanza de la economía predominante en la teoría neoclásica; pudiendo estar allí una de las razones por las cuales esta teoría no aborda en sus principales textos estudios de derechos como el de la propiedad o la libertad.

De acuerdo al Papa Benedicto XVI (2005), el obviar la ley natural y su relación con el ejercicio de la libertad amenaza a la humanidad por ocasionar un relativismo que genera obstáculo a la educación, porque al no reconocer nada como concluyente, el propio yo con sus caprichos se convierte en lo definitivo; y, bajo la apariencia de la libertad, se transforma para cada uno en una prisión, porque separa al uno del otro.

El abordaje de la libertad en lo que se puede saber de la economía también ha generado una controversia en "escuelas de pensamientos" entre quienes plantean la colectivización, donde los intereses colectivos están por encima de los intereses individuales, y por lo tanto la persona es explicada desde el mundo; y el otro extremo, que parte del individualismo metodológico, el cual puede ser sostenido en el libre albedrío aportado por el cristianismo y de allí el mundo es explicado desde la persona.

De esta manera, se encuentran dos concepciones: una, entre quienes enseñan y desarrollan el análisis económico partiendo de las acciones individuales teniendo presente que los seres humanos pueden tomar decisiones solos o en conjunto con otros, pero en todos los casos las acciones y decisiones que se realizan son individuales. La otra concepción está en una visión colectivista conducente a la lucha de clases por medio de la premisa de que las miserias de la sociedad son consecuencia del "trance" entre quienes persiguen sus intereses personales y quienes persiguen intereses colectivos.

Según la idea de la colectivización, cada vez que un individuo trabaja en función a su propio bienestar, de alguna forma atenta contra los intereses colectivos, muy a pesar de la condición de cooperación social propia de los liberales, porque describen una concepción distinta de lo que es el ser humano construida a partir de la relación con los demás. Esta relación con los demás es fundamental en el hecho económico, debido a que los agentes económicos representados en las familias, empresas y el Estado pueden relacionarse para asignar recursos desde la racionalización que haga el Estado, por medio de la violencia o a través de intercambios libres y voluntarios entre los agentes.

En consecuencia, Mises sostiene que el destruccionismo producto de la colectivización debido a la renuncia a la libre iniciativa por la idolatría hacia un líder o al Estado (de quien se espera todo) es propio de una teoría del progreso que al final es un mal uso de la teología porque se refiere a: una doctrina referente al destino de la humanidad, al sentido y naturaleza, propósito y fin de la vida humana" (Mises, 1922/2003, p. 282). Este aspecto, según Mises, es el que menos llama la atención en el ámbito del estudio de la economía, a pesar de ser - desde su punto de vista - el sostén del socialismo.

Este aspecto, también llamado "milenarismo", se caracteriza por la "visualización de la última etapa del género humano como de perfecta armonía e igualdad: un estado en el que todas las cosas se poseen en común, en el que no existe la necesidad de trabajar o de repartir el trabajo" (Rothbard, 1995, p. 329). De igual manera, el Papa Benedicto XVI en el numeral 17 de *la Encíclica Caritas in Veritas*, ilustra que estos "milenarismos" siempre están sostenidos por "mesías" "prometedores, pero forjadores de ilusiones, que basan siempre sus propias propuestas en la negación de la dimensión trascendente del desarrollo, seguros de tenerlo todo a su disposición. Esta falsa seguridad se convierte en debilidad, porque comporta el sometimiento del hombre, reducido a un medio para el desarrollo".

Dicho motivo fortalece la interpretación de Mises acerca de que los seguidores de milenaristas, e incluso de socialistas, "en su ceguera esperan de él la salvación y la saciedad de sus resentimientos" (Mises, 1922/2003, p. 9). De allí que la importancia de esta especie de filosofía de la religión se enmarque en que "sólo una esperanza fiable puede ser el alma de la educación" (Benedicto XVI, 2008d, N° 23), para identificar plenamente lo real; en donde a nivel económico el Papa Benedicto XVI menciona al marxismo como un mito, al considerar que "estaban equivocados esos milenarismos fáciles, que prometían inmediatamente, como consecuencia de la revolución, las condiciones completas de una vida justa" (Benedicto XVI, 2007a).

La necesidad de trasmitir esperanzas fiables se robustece en que toda acción educativa conduce a una práctica futura, y ella requiere avanzar hacia obras de acuerdo a los fundamentos ontológicos y conducentes a la motivación en función a la posibilidad de alcanzar objetivos y no a la frustración por trabajar en algo imposible por naturaleza.

Considerando lo mencionado, el autor ha podido revisar que, entre los programas de economía para niños y jóvenes, la gran mayoría están inclinados hacia la educación financiera y otros hacia el área social. De igual manera, el desarrollo del espíritu emprendedor en niños y jóvenes es una constante en todos los programas. Sin embargo, existe una divergencia en la forma de hacerlo entre la gran mayoría que toma como base la teoría neoclásica para la formación de niños y jóvenes y otros programas, sobre todo del mundo anglosajón, que lo hacen en función a la Escuela Austríaca.

La idea mencionada se ha fortalecido a partir de uno de los principales trabajos seminales sobre finanzas personales de Stanley y Danko (1998) que ha originado la formación en finanzas personales y emprendimiento hasta en niños y adolescentes.

Sin embargo, casi la totalidad de quienes tratan esta formación el pragmatismo no da cabida para tomar en cuenta la comprensión del "Estado de Derecho" para el fortalecimiento de las finanzas personales. Por tanto, se obvian tesis como la de Harvo y Torvik (2005) quienes sostienen que "las normas, al ofrecer el marco de incentivos para la actividad económica empresarial, condicionan si ese esfuerzo emprendedor se dirigirá a buscar apropiarse de la renta de otro por medio del lobby y la política, o se destinará a la innovación, la competencia y la actividad productiva" (p.34).

Por lo que se deduce que una sociedad con ausencia de estado de derecho difícilmente podrá incrementar emprendedores productivos, pero le será común el desarrollo de buscadores de rentas que atentan contra la libertad. Estos elementos no son tomados en cuenta en los *best sellers* de libros y/o programas de educación financiera y son escasamente percibidos en la tendencia mundial a educar financiera y económicamente a niños y jóvenes, dando muy poca importancia al estado de derecho como el garante de la libertad generadora de riqueza.

Ello hace surgir la necesidad de un ensanchamiento de la razón que involucre multi-disciplinariedad en la economía y permita ver la realidad con un sentido integral para el desarrollo de la perspicacia empresarial en libertad y cooperación, que pueda ser aportada y formada desde las ciencias económicas hasta en niños y adolescentes, siempre que se supere la baja identificación del profesional de las ciencias económicas y sociales con niños y adolescentes, producto del alto tecnicismo en el discurso del profesional de ciencias económicas y sociales, por lo que se requiere una nueva manera de abordar esta situación pertinente en nuestros tiempos.

Lo expresado pudiera dar luces a una conciliación entre quienes prefieren libre iniciativa individual para la satisfacción de las necesidades y quienes eligen al asistencialismo del Estado o de cualquier otro ente para ello. Todo ello centrado en esa concepción del ser humano que desde Platón muchos la han derivado como un compuesto entre razón, voluntad y deseo lo cual se relaciona con la racionalidad, la libertad y la cooperación debido a que la forma y los medios de conocer propio de la razón no permiten identificar los beneficios y alcances que tiene la libertad por medio del control de la voluntad propia y no ejercida por terceros, los cuales fortalecen la esencia del ser humano cuando ejercen la cooperación de manera libre y voluntaria.

Filosofía de la teología y enseñanza para la economía

Por los elementos mencionados se percibe que, al conjugar a la filosofía con la teología en la enseñanza de la economía, se consigue la libertad conducente a ponderar adecuadamente los elementos del desarrollo y de los problemas socioeconómicos. Como veremos a lo largo de este libro, el estudio teológico es necesario tanto para creyentes como para no creyentes, porque no pocas veces se cae en idolatría de entes como el Estado o cualquier otro líder sin tener consciencia de ello, y eso es motivo de pérdida de los fundamentos ontológicos de la persona.

De esta manera planteamos la ampliación de la razón y de su uso, que al ser conseguida desde la infancia, desarrolla la naturaleza humana para el bien común.

Al observar lo planteado en el ámbito estrictamente económico, al querer ampliar los aportes del positivismo en la teoría económica neoclásica, se requiere tomar en cuenta el estudio de la toma de decisiones económicas partiendo de la mayor amplitud que involucra la ampliación de su racionalidad hacia la libertad y la cooperación.

Esta enseñanza de la economía tiene como norte el avance hacia el objetivo que llevamos adelante en el Programa de Economía para Niños, Niñas y Jóvenes del Centro de Divulgación del Conocimiento Económico para la Libertad, CEDICE Libertad: proponer a las nuevas generaciones principios de economía válidos y ciertos, con reglas de conducta y objetivos con criterios por los cuales se dé significado a la vida con libre iniciativa para la prosperidad posible en la cooperación social con la garantía a la vida y los bienes legítimamente adquiridos, con la importancia de la autonomía en la toma de decisiones y su evolución en el desarrollo humano que supere la cultura asistencialista.

De allí la necesidad de despertar la libertad generadora de individuos con autonomía aislados del asistencialismo. Ello da paso a reflexionar sobre la posibilidad de ser adulto sin ser autónomo y su consecuencia en la generación de riqueza. De igual manera, se hace pertinente eliminar lo mitológico en la economía, que genera frustración en el ser humano. Es aquí donde surge la exigencia de una epistemología de la enseñanza de economía con elementos teológicos que den luces a vivir lo real de la economía e identificarse y aislarse de lo no realizable.

De allí la obligación de superar las "falsificaciones de la libertad y reducción de la razón sólo a lo que se puede calcular y manipular" (Benedicto XVI, 2006 a, N° 37). Dejar atrás esas falsificaciones conduce a un mayor entendimiento del ejercicio de la libertad. Es importante aclarar este punto porque, tanto para el economista Ludwig von Mises como para Benedicto XVI, lo sensible no es Divino y la economía es sensible, no teológica. Sin embargo, como se ha mostrado y se seguirá profundizando, muchos enfoques de la economía se sostienen en un carácter teológico.

De abordarse la economía con un carácter teológico, se irrumpe con el desarrollo del pensamiento de este fenómeno sensible y también se irrumpe la libertad tan fundamental en el ser humano que "sólo se lo puede negar poniendo en peligro la humanidad misma" (Benedicto XVI, 2009b, N° 55); porque la fuerza de la libertad del ser humano es tan contundente que solo una brutal y poderosa opresión puede limitarla. Por lo tanto, cabe reflexionar en las sugerencias dadas por el Papa Benedicto XVI (2007a) acerca de la exigencia de un estudio de la crisis de la modernidad, la comprensión de la racionalidad y la contribución del cristianismo al humanismo del futuro para vivir intensamente lo real.

Asimismo, se hace imperativo fortalecer la enseñanza de la economía desde la cooperación social, la cual es distinta de las labores o intercambios producidos bajo los contextos del inicio de la humanidad o del reino animal y entre personas. Estas razones demuestran a la cooperación como la facultad que distingue a las personas de los animales. Eso expresa que las personas en sus actividades vaticinan que lo que hagan otros logrará ciertas cosas para obtener resultados que lo beneficien.

Es por ello que un concepto estrecho de racionalidad animaliza a las personas, porque tal como sostiene el Catecismo de la Iglesia Católica (1997, N° 1730): "El hombre es racional, y por ello semejante a Dios; fue creado libre y dueño de sus actos" Por el contrario, los animales no actúan con libertad sino por un doble instinto natural que induce a la preservación de sí mismo y a la salvaguarda de su propia vida y del otro, a la conservación de la especie. En segundo lugar, fuera del género humano se satisfacen necesidades con el uso de las cosas al alcance inmediato, y no podrían ciertamente ir más allá, puesto que son movidas sólo por la percepción de las cosas singulares. De allí la necesidad de hacernos cada vez más humanos, para no animalizarlos al perder las ventajas del ejercicio de la libertad.

Esta libertad propia del género humano se caracteriza por producir cambios extensos y acelerados gracias a su inteligencia y dinamismo creador, que lo conduce a satisfacer sus necesidades con sus propios recursos por encima de una cultura asistencialista que depende de ídolos y que solo es posible superar con anhelo de libertad.

Al relacionar la razón, libertad, cooperación y educación y considerar al problema de la economía como fruto de la escasez de los recursos en relación con las necesidades ilimitadas de las personas, dicha relación hará que este problema sea tratado de tres maneras. La primera, utilizando la violencia; donde las personas se enfrentan a robos o guerras y quien resulte vencedor tendrá el poder de decidir sobre el resto de los integrantes de la sociedad.

De esta manera hay un único sujeto económico, ya que solamente el vencedor que viola la libertad y propiedad de los demás es quien tiene la facultad de elegir; tal como ocurre cuando un individuo se apropia de los bienes de otros.

La segunda manera de resolver el problema económico, sin tomar en cuenta la totalidad de las dimensiones de la persona, se observa en un Estado que interviene para solucionar el problema económico sin que los miembros de la sociedad hagan uso de la violencia, y su intervención obedece a procurar el bien común con el objetivo de que la mayoría de los ciudadanos satisfagan sus necesidades. Esto es posible si el Estado ocupa la administración de los recursos escasos aplicando racionamiento y dándole a cada integrante de la sociedad una ración de dicho recurso.

La tercera manera podría ser por medio del mercado, donde cada integrante decide cómo aplicar los recursos escasos mediante intercambios libres y voluntarios y la generación de riqueza producto de la especialización que los economistas llaman división del trabajo.

De lo expresado, se genera la necesidad de dar una explicación desde la enseñanza de la economía a niños y jóvenes acerca de la mejor manera de generar riqueza para toda la sociedad tomándose en cuenta toda la dimensión de la persona para que, desde la economía, se contribuya a ese progreso continuo, creciente y creativo propio de la dimensión humana.

De esta manera se pudiera aportar al cumplimiento del artículo 24 de la Declaración Universal de los Derechos Humanos en cuanto a ver el objetivo de la educación basado en "el pleno desarrollo de la personalidad humana y el fortalecimiento del respeto a los derechos humanos y a las libertades fundamentales; favorecerá la comprensión, la tolerancia y la amistad entre todas las naciones y todos los grupos étnicos o religiosos", implica un desarrollo pleno de la libertad por medio de un ensanchamiento de la razón que promueva la cooperación, al que la enseñanza de la economía a niños y jóvenes no se escapa como elemento fundamental para la cooperación social necesaria para un buen desarrollo económico.

Lo anterior puede llevarnos a concluir sobre la necesidad de una epistemología para la enseñanza de la economía con capacidad de conocer, juzgar y crear la realidad teniendo en cuenta que la economía se funda en hechos generales, los hechos se basan en la naturaleza de las cosas, y en las implicaciones deductivas de estos y la observación de la naturaleza de las cosas es fundamento de toda verdad.

A lo anterior habría que añadirle que no son elementos teológicos, tal como sostiene Mises (1945/2010)

> "La razón y la investigación científica nunca pueden aportar sosiego pleno a la mente, certeza apodíctica, ni perfecto conocimiento de todas las cosas. Quien aspire a ello debe entregarse a la fe e intentar tranquilizar la inquietud de su consciencia abrazando un credo o una doctrina metafísica" (p. 55)

En medio de lo anterior, lo fundamental de los que se seguirá presentado parte del método de Mises al sostener que lo fundamental no está en "seleccionar unos ciertos axiomas ni en preferir un cierto método de investigación, sino en reflexionar sobre la esencia de la acción" (p. 76).

Algunos de los conceptos del Capítulo 2

Concepto	Respaldo
Persona como razón, voluntad y amor que conduce al desarrollarse la razón es convertida en inteligencia, la voluntad en libertad y el amor en capacidad de amar	Benedicto XVI, Spe Salvi, N° 5 b) plantea Benedicto XVI (2018c)
Ley natural en la economía	Say, J.(1803/2010)
Capacidad de razonamiento cartesianos	Capítulo I del Discurso del Método de Descartes
La destrucción de la lucha de clases	Juan XXIII se encuentra en Mater est Magister (1961, Nª 23)
La fatal arrogancia	Hayek (1988/2010)
Libre albedrío	Compendio de la Doctrina Social de la Iglesia (2004) numerales 338 al 342
Crisis de confianza en la vida como causa de la emergencia educativa	Benedicto XVI en Carta a la Diócesis y a la ciudad de Roma sobre la tarea urgente de la educación (2008c)
Principios de bien común, subsidiaridad y solidaridad	Capítulo IV del Compendio de la Doctrina Social de la Iglesia.
Concepción materialista que no permite identificar que la persona no es sólo el producto de condiciones económicas y no es posible curarlo sólo desde fuera	Benedicto XVI: 2007c, N° 21
Positivismo, historicismo, materialismo, pragmatismo y relativismo	Capítulo VII de la Fides et Ratio (1998) de Juan Pablo II y compaginación con el debate del año 2005 entre Habermas y Ratzinger.
Crisis de la modernidad debido a un humanismo separado de su fundamento ontológico	Benedicto XVI (2007d)
La definición de educación en función a que la persona se convierta en lo que es	Benedicto XVI (2010)
Paidea	Benedicto XVI, 2009d, N°10.

CAPÍTULO III

CUESTIÓN ÉTICA: VIRTUDES Y/O CARÁCTER EN LA ECONOMÍA

Si el progreso técnico no se corresponde con un progreso en la formación ética del hombre, con el crecimiento del hombre interior, no es un progreso sino una amenaza para el hombre y para el mundo

(Benedicto XVI Spe Salvi N° 22)

La cuestión ética remite a cómo actuar centrado en la naturaleza. Es por ello que, con el PFENNJ se plantea una economía construida desde la las virtudes cardinales, las cuales llevaron a definir economía como *el desarrollo de las virtudes cardinales para la generación de riquezas temporales*. De esta manera conseguimos en el desarrollo de las virtudes un fundamento en común de la economía con todas las ramas del saber, y así consideramos que aportamos a la cultura de la vida desde la economía.

A causa de lo anterior, la enseñanza de la economía, incluso a niños y jóvenes, habitúa en virtudes necesarias para el abordaje de la vida, para la manera de cómo hacerse rico y luchar contra la pobreza al mismo tiempo y para identificar cómo las personas conviven juntas en armonía con continuo progreso

Consideramos que lo anterior se consigue formando el carácter, que de acuerdo a Kant "no es dado por naturaleza, debe ser siempre asegurado por nuestro propio esfuerzo" (Kant: 1798/1991, p. 301); hay que tomar en cuenta lo sostenido por Benedicto XVI en cuanto a que, a diferencia del campo técnico o económico (donde los progresos actuales pueden sumarse a los del pasado) en la formación y el crecimiento moral de las personas no existe posibilidad de acumulación porque la libertad del hombre siempre es nueva y, por tanto, cada persona y cada generación debe tomar de nuevo sus propias decisiones. Ni siquiera los valores más grandes del pasado pueden heredarse simplemente; tienen que ser asumidos y renovados a través de una opción personal, a menudo costosa. Por ello la libertad con frecuencia es percibida como frágil e inconstante.

Si a lo anterior añadimos que para el aporte a la antropología dado por Kant, el carácter revela "lo que uno está preparado para hacer de uno mismo" consideramos a la definición de economía planteada como necesaria para conceptualizar la libertad de la siguiente manera: lo que se está preparado para hacer de uno mismo, porque ello conduce al derecho y capacidad de las personas a satisfacer sus necesidades con sus propios recursos sin interferir en el derecho de los demás. Sin embargo, tal como lo plantea Benedicto en el Discurso dado con motivo del encuentro con el mundo de la cultura del año 2006, ese derecho o capacidad para ejercer la libertad en el ámbito de la economía no se hereda: requiere de un esfuerzo por transmitirlo de manera nueva de generación en generación para generar una economía fuera de una cultura asistencialista, en donde cada persona tenga el carácter de producir por sí mismo recursos para satisfacer sus necesidades, considerando al otro para producir (tal como lo plantea Buber en cuanto a las relaciones esenciales vitales) y así incrementar su riqueza al satisfacer las necesidades de los demás.

En este sentido, cabe tomar en cuenta lo mencionado por Kant en su libro sobre Pedagogía acerca de que una manera de prevenir lo que hoy en día considermos cultura asistencialista sería previniendo a los niños contra una compasión anhelante, dado que la compasión es realmente sensibilidad; concuerda sólo con un carácter sensible. Es también distinto de la piedad, siendo un mal lamentarse meramente de una cosa. Se debía dar dinero a los niños para gastos menudos, con los que pudieran socorrer a los necesitados, y entonces se podría ver si son o no son piadosos; pero cuando sólo son dadivosos con el dinero de sus padres, pierden esta virtud.

Lo anterior es debido a la necesidad de despertar en el niño el tomar decisiones personales y no por inducción de otro, y mucho menos aprovechándose de otro. Esto implica un carácter donde la persona desde niño se hace dueño de sí mismo y realiza acciones de manera voluntaria.

Esto conduce a una educación del carácter que va más allá del desarrollo de habilidades y conocimientos, sin interferir en la personalidad, pero sí en el carácter, el cual puede y debe ser educado para el dominio de sí mismo, para la libertad.

Otro elemento a tomar en cuenta es la crítica a esta posición en el libro *El Anticristo* de Nietzsche, donde se ridiculiza al cristianismo. De allí entonces la pertinencia de observar esa diferencia entre Nietzsche y Kant, donde para Kant la compasión es una virtud si se hace voluntariamente, pero para Nietzsche la compasión es el principal obstáculo del superhombre caracterizado por vivir desde la inmediatez, la inmanencia, la relatividad; un ser abstracto, absolutizado, egoísta, sin compasión y con una postura dominadora ante las demás personas.

En consecuencia, la importancia de generar una compasión superior al relativismo teniendo una relación esencial vital con el otro pero de manera libre y voluntaria, y tomando en cuenta que las dádivas no son sostenibles para la relación esencial vital entre las personas, porque la persona no es sólo el producto de condiciones económicas y no es posible ayudarla sólo desde fuera, creando condiciones económicas favorables, lo que conduce a pensar en la necesidad de un carácter donde la persona se conduzca a la plenitud cuando satisface sus necesidades con sus propios recursos, y que si da dádivas a otros debe buscar la manera de que ese otro logre superar la necesidad de ayuda para que desarrolle su propio potencial de cara a desarrollar su propia vida.

Rol de las virtudes en la economía

Para considerar el rol de las virtudes en la economía, tomamos en cuenta la clasificación de éstas presentadas por el *Catecismo ıe la Iglesia Católica*, debido a que, al tener clara esta diferencia, se percibe la importancia de la secularización en el progreso de las sociedades y la manera de adquirir el carácter que permite no caer en estatolatría[7], sino en la promoción de la libre iniciativa y el bien común. De allí que, de acuerdo al *Catecismo ıe la Iglesia Católica*:

> La virtud es una disposición habitual y firme a hacer el bien. Permite a la persona no sólo realizar actos buenos, sino dar lo mejor de sí misma. Con todas sus fuerzas sensibles y espirituales, la persona virtuosa tiende hacia el bien, lo busca y lo elige a través de acciones concretas (Catecismo de la Iglesia Católica, 1997, N° 183)

De esta definición se percibe la fundamental contribución que aporta la virtud a la formación permanente de la persona, la cual se hace a partir de las relaciones esenciales vitales con el mundo, con las personas, con el misterio de Dios y consigo misma, lo que conduce a un diálogo permanente entre la interioridad de la persona que da lo mejor de sí con el mundo externo, al tener disposición habitual y firme a hacer el bien a través de acciones concretas. Por lo que deducimos que la disposi-

---

[7] El tema de la Estatolatría será profundizado en el apartado 3.4 referido a la Trascendencia

ción a hacer el bien sin acciones concretas firmes y habituales sería vacía, pero las acciones firmes y habituales sin la disposición a hacer el bien carecerían de sentido y formaría los vicios.

En consecuencia, toda disposición requiere de un orden para ejecutar un propósito. Si en este caso el propósito de la virtud es hacer el bien, podemos deducir que un inadecuado orden de la disposición puede llevar a acciones destructivas o al mal.

Un ejemplo del incorrecto orden de la disposición es argumentado por Tolkien en el Señor de los Anillos, donde se observa que la buena intención por hacer el bien a la humanidad se puede convertir en un totalitarismo destructor de la libertad de los demás. Como veremos, este tipo de cosas ocurre por ese desorden de la disposición a hacer el bien. Por ello surge la pregunta: ¿Cuál es el orden de la disposición a tener en cuenta para que la misma conduzca a acciones habituales concretas para hacer el bien?

Es allí como encontramos que desde Aristóteles con la Ética a Nicómaco, actualmente podemos identificar la necesidad de clasificación de las virtudes. De allí la relevancia de observar en el Catecismo de la Iglesia Católica las dos clasificaciones necesarias a tener presentes tanto para creyentes como para no creyentes, porque confundirlas llevaría a la idolatría, incluso entre aquellos considerados no creyentes.

La clasificación referida es entre virtudes humanas y virtudes teologales, de las cuales hemos identificados las siguientes variables para apreciar mejor sus semejanzas y diferencias:

Cuadro 4

Diferencias entre virtudes humanas y virtudes teologales

	Virtudes humanas	**Virtudes teologales**
Origen de la disposición	Entendimiento y voluntad, es de naturaleza humana	Dios, es de naturaleza Divina
Tipo de virtudes	Justicia, fortaleza, templanza y prudencia	Fe, esperanza y caridad
Consecuencias	Ordena las pasiones y guía la conducta	Garantizar la presencia de Dios en las facultades humanas
Modo de adquirirla	Fuerzas humanas	Gracia de Dios
Tipo de naturaleza	Humana	Divina

| Persona con capacidad de juzgar la falta de disposición | Persona humana representada en un juez | Persona Divina, representada en Dios |

Fuente: Elaboración propia a partir del Catecismo de la Iglesia Católica

De este cuadro se hace importante señalar sus implicaciones para el establecimiento de un orden social en función del bien común. Para ello, podemos empezar con la última variable tomada formulando la pregunta: ¿Quién tiene la facultad de juzgar la falta de ausencia de acciones concretas en el desarrollo de la virtud? allí conseguimos que, ante las virtudes humanas, el ser humano es capaz de emitir un juicio, pero ante las virtudes teologales, solo Dios sería el que pueda hacerlo.

De esto podemos deducir que, por naturaleza, la persona tiene la capacidad de ser justa, templada, prudente y valiente o fortalecida y quien no cumpla con un mínimo de esas virtudes interfiere en los derechos del otro, y por ello es probable que obtenga alguna sanción por parte de algún tribunal, porque la persona tiene la capacidad de reconocer esas virtudes como necesarias para el orden social, y el estado moderno las promueve y defiende para el ejercicio ciudadano.

De allí el surgimiento de un Estado que permite a cada individuo ejercer su poder sobre sí mismo sin interferir en el poder de los demás. Esto incluye la libertad religiosa, tal como señala Benedicto XVI (2011 c):

Es necesario, entonces, que los Estados y las diferentes comunidades humanas tomen en cuenta a la libertad religiosa como condición para la búsqueda de la verdad y que la verdad no se impone con la violencia sino por «la fuerza de la misma verdad». En este sentido, la religión es una fuerza positiva y promotora de la construcción de la sociedad civil y política (N° 7)

De la cita anterior podemos deducir el uso de la violencia como una diferencia vital entre la función del Estado de promover y proteger las virtudes humanas y la de la Iglesia como promotora y protectora de las virtudes teologales. Este uso de la violencia obviamente está sustentado por Marx Weber, por lo que si una persona no cumple con la justicia o interfiere en el derecho de otro al no ejercer la templanza, la fortaleza o por carencia de prudencia, el Estado tiene el deber de sancionar a esa persona por el establecimiento de la paz social. Sin embargo, si la persona no cumple con la fe, la esperanza y la caridad, la Iglesia moderna no ejerce la violencia para su aplicación porque considera que ello es una gracia de Dios y una relación esencial vital con el misterio, el cual es netamente privado y se ejerce solamente de manera libre y voluntaria.

Por lo tanto, a un Estado no le compete obligar a la gente a hacer la caridad, o a tener fe o esperanza - aunque eso perfecciona al ser humano - pero la función del Estado está en hacer cumplir las virtudes humanas, tal como se presentan a continuación, de cara a identificar la relevancia de esas virtudes humanas y teologales en el ejercicio de la economía.

Virtudes e instituciones humanas

En relación con las virtudes humanas, éstas entran en correspondencia con las instituciones humanas, considerando a las instituciones políticas que promuevan estas virtudes, y que sancionan su incumplimiento.

Por tal razón, presentamos a cada una de las virtudes humanas de la siguiente manera:

Primero, se hace una comparación entre la virtud y algún posible aspecto de la economía. Para ello se identifican variables para establecer semejanzas y diferencias. El primer paso para identificar las variables será describir las características de la virtud. Considerando que una variable es una característica a la que se asignan diferentes valores, luego de describir esas características se identifican las factibles variables a la que cada una da valor. Con esas variables reconocidas se comparará la virtud con algún aspecto de la economía.

Segundo, se presenta la manera como el Estado participa en el fomento de la virtud para establecer su influencia en el quehacer de la economía.

Tercero, se deduce como lo presentado puede ser abordado en la enseñanza de la economía a niños y jóvenes, para la generación de conocimiento socialmente útil.

Los tres aspectos mencionados toman en cuenta los textos de introducción a la economía, los programas de economía para niños y jóvenes de la muestra, el Catecismo de la Iglesia Católica para la definición de virtudes, el estudio de Zárate (2005) para respaldar como el Estado la fomenta, y la sanción a la virtud y la deducción de todo lo presentado, para establecer el conocimiento socialmente útil que niños y jóvenes pueden obtener por medio de la economía.

Prudencia y economía: relación entre medios y fines

La virtud de la prudencia presenta las siguientes características: 1) Discierne en toda circunstancia nuestro verdadero bien y elige los medios rectos para realizarlo.

2) Hace que la persona medite sus pasos por medio de la sensatez, entendida como cordura, buen juicio o raciocinio. 3) Establece reglas de la recta acción. 4) No se confunde ni con la timidez o el temor, ni con la dualidad o la disimulación. 5) Indica reglas y medidas a las otras virtudes. 6) Da conciencia para que la persona individualmente decida y ordene su conducta.

Cada una de esas seis características da valor a las variables que se presentan a continuación, las cuales también obtienen valor en la definición de economía como veremos a continuación.

Seguidamente presentamos un resumen de las variables identificadas:

Cuadro 5

Variables económicas contenidas en la virtud de la prudencia

N°	Característica de la virtud	Variable	Definición de la variable
1	Discernimiento en toda circunstancia de nuestro verdadero bien y elección de los medios rectos para realizarlo	Tipo de relación	Vínculo entre medios y fines. El fin es el bien y el medio lo que se usa para alcanzarlo.
2	Meditación por medio de la sensatez entendida como cordura, buen juicio o raciocinio	Forma de elegir medios y fines	Elección de medios y fines. En este caso se observa por medio del uso de la razón en la meditación.
3	No se confunde ni con la timidez o el temor, ni con la dualidad o la disimulación	Manera de enfrentar la incertidumbre	Actitud de afrontamiento para con lo desconocido, al reconocer que los fines y medios no están dados
4	Conciencia para decidir y ordenar individualmente la conducta	Tipo de universales	Capacidad de existir independientemente de las cosas individuales

Fuente: Elaboración propia

Cada una de las cuatro variables presentadas es identificada en la definición de economía. Como se verá a continuación, en las definiciones de economía dadas por los pensadores de la Escuela Austríaca, los valores de las variables son iguales a las de la virtud de la prudencia, cosa que no ocurre en las definiciones de la teoría neoclásica. Para argumentar la idea trazada, en primer lugar se exhibe un listado de definiciones de economía, de las que se evalúa si dan valor a las cinco variables mencionadas y se comparan con los valores de las variables de la virtud de la prudencia.

Las definiciones de economía cada uno de los siguientes pensadores son tomadas de los libros que cada uno de ellos ha publicado sobre la introducción a la economía y que son utilizadas a nivel universitario. También se muestran las definiciones de economía de los textos utilizados para enseñar economía a niños y jóvenes. Para el nivel de análisis que se está realizando, consideramos conveniente empezar por el enfoque de la definición de economía, razón por la cual se iniciará lo planteado desde la cuarta característica de la prudencia con su respectiva variable.

Cuarta característica: Conciencia para decidir y ordenar individualmente la conducta. La raíz de esta característica es el libre albedrío, el cual resuelve a nivel de las ciencias sociales la llamada controversia entre los (ideales) universales. De esta manera podemos conseguir dos tipos de universales: el primero de tradición platónica, que da existencia real y autosubsistente a los universales. Con este criterio los colectivos tienen vida propia. La otra tradición es la aristotélica, la cual no niega los universales pero no los considera capaces de existir independientemente de las cosas individuales. Es así como los colectivos existen en las cosas individuales, constituyendo sus propiedades esenciales, por lo que las cosas individuales son las únicas que poseen existencia autosubsistente. De esta manera la variable es Tipo de Universales, y en el caso de la virtud de la prudencia el tipo de universal es el de personas individuales como las únicas que poseen vida propia.

Autoconciencia de individualidad: universales en la economía

El primer grupo de libros revisados con definición de economía de acuerdo al tipo de universales que considera a los colectivos con existencia real y autosubsistentes son:

1. Samuelson y Nordhaus (1948/2002): "Estudio de cómo las **sociedades** utilizan recursos escasos para producir bienes valiosos y distribuirlos entre diferentes personas" (p. 4)

2. Mochón (1993): "estudia cómo las **sociedades** administran unos recursos escasos para producir bienes y servicios y distribuirlos entre los distintos individuos" (p. 1)

3. Mankiw (2002): Estudio de cómo la **sociedad** administra sus recursos escasos (p. 4)

4. Krugman y Well (2007): "Una economía es un sistema que coordina las actividades productivas de una **sociedad**. La economía es el estudio de las economías, tanto de los individuos como de la del conjunto de la sociedad. La economía de mercado es aquella en las que las decisiones de producción y consumo son tomadas por productores y consumidores" (p. 2)

5. Tucker (2002): Estudio de la forma en que una **sociedad** distribuye sus recursos escasos para producir bienes y servicios con la finalidad de satisfacer necesidades ilimitadas" (p. 6)

6. Dornbusch y Schmalensee, la economía es el estudio de la forma en que las **sociedades** deciden lo que van a producir, cómo y para quién, con los recursos escasos y limitados (p. 3)

7. Karl Marx (1867) en Huerta de Soto (2000): investigación de las relaciones de producción y circulación en el sistema capitalista

8. Holzmiller y Roselli (1971). **Leyes sociales** que rigen la producción y distribución, de los medios materiales limitados, para satisfacer necesidades humanas. (p. 5)

Economía desde el individuo con vida propia

La siguiente literatura presenta una definición de economía no colectivizada, sino considerando a los individuos como los únicos que poseen vida propia:

1. Kirzner en *Huerta de Soto* (2000) consiste en estudiar de una manera formal la acción humana con las siguientes tareas: hacer inteligible el mundo en términos de acciones humanas y explicar cómo las acciones humanas conscientes que se orientan a la consecución de determinados objetivos individuales en unas circunstancias particulares de tiempo y lugar generan, a través de los procesos espontáneos de **interacción** social, consecuencias de gran transcendencia que no habían sido previstas ni buscadas deliberadamente por nadie

2. Hayek en *Huerta de Soto* (2000) el objeto de ésta es el estudio del proceso a que dan lugar de forma espontánea las distintas **interacciones** humanas

3. Beveridge, en Toro (2005). Es el estudio de los métodos generales con que los hombres **cooperan** para hacer frente a sus necesidades materiales

4. Pernaut (1995). Es la ciencia que estudia la conducta humana como una relación entre fines y medios limitados que tienen diversa aplicación p. 15)

5. Krause (2003): "analiza las opciones a las que las personas se enfrentan, sus preferencias y las acciones conscientes que realizan para alcanzar sus objetivos, cualesquiera que éstos sean" (p. 20)

6. *Economic in One Day*, "Economics is the study of human behavior when choice is involved" (p. 11), definición que traducimos de la siguiente manera: La economía es el estudio del comportamiento humano cuando la elección está involucrada

Economía desde el individuo o desde colectivo

A continuación se presentan definiciones de economía que no dejan claro si las personas individuales son las únicas que poseen vida propia o si los colectivos también la tienen:

1. Adam Smith (1776) en *Huerta ᵪe Soto* (2000): es el estudio de la naturaleza y causas de la riqueza de las naciones (p. 42);

2. *Diccionario ᵪe la Real Acaᵪemia Española*: la economía se define desde tres puntos de vista: 1. Administración eficaz y razonable de los bienes. 2. Conjunto de bienes y actividades que integran la riqueza de una colectividad o un individuo. 3. Ciencia que estudia los métodos más eficaces para satisfacer las necesidades humanas materiales, mediante el empleo de bienes escasos;

3. Veljanovski, en Toro (2005). Se ocupa de escogencias y alternativas, así como de la predicción de las oportunidades que rodean tanto las decisiones de los individuos como las decisiones políticas;

4. Toro (2005). Es la ciencia que estudia el uso óptimo de los recursos, que son escasos por definición, con el objetivo de satisfacer, dentro de un orden de jerarquía y en la mayor medida posible, las necesidades económicas ilimitadas del hombre y de la sociedad;

5. Case y Fare (1997). Estudio de como los individuos y sociedades eligen hacer de los recursos escasos recibidos de la naturaleza y de las generaciones pasadas;

6. Chacón T (2013). Ciencia que estudia la satisfacción de necesidades ilimitadas por medio de la asignación de recursos escasos (p. 27).

De esta clasificación de las definiciones de economía de acuerdo a los Tipos de Universales podemos analizar o especificar lo siguiente: Primero, entre quienes consideran a los colectivos con vida propia y a la sociedad como el universal con existencia real y auto-subsistente. Sobre esta vida real de la sociedad se construye la rama del saber económico.

Segundo, entre quienes consideran a las personas individuales como las únicas que poseen vida propia. Se centran en el estudio de la conducta humana y la interacción o cooperación social. Esto guarda relación con la construcción de la persona (individual) a partir de relaciones esenciales vitales con el mundo, otras personas y el misterio.

Quienes se ubican en este segundo grupo valoran la variable Tipo de Universales de la misma manera con que la valora la virtud de la prudencia, porque esta virtud otorga conciencia para que la persona individualmente decida y ordene su conducta. Dado que un colectivo no ordena ni decide, son las personas individuales quienes lo hacen. Este tipo de universal otorga un carácter individual a las decisiones económicas, debido a que del libre albedrío se desprende el "individualismo metodológico" en función al bien común que rige a la economía. Esto significa que el análisis económico siempre debe iniciar con las acciones individuales, dado que los seres humanos pueden tomar decisiones solos o en conjunto con otros, pero en todos los casos de las acciones que se realizan las decisiones que se toman son individuales.

Lo anterior demuestra la necesidad de tener autoconciencia para ejercer la economía, para tener autonomía en las decisiones y reconocerse como individuo. Sin embargo, como hemos visto, ésta no es una visión compartida por parte de quienes introducen a la economía. El primer grupo clasificado de acuerdo al Tipo de Universales, al dar a la sociedad vida como colectivo, considera que toma decisiones, obviando que la acción es siempre obra de seres individuales. Los entes colectivos obran por mediación de uno o varios individuos, cuyas actuaciones se atribuyen a la colectividad de modo mediato.

De esta primera variable expresada podemos concluir la siguiente aseveración: la virtud de la prudencia es aplicable en la rama del saber económico si se consideran a las personas individuales y no a entes colectivos como universales. Una evidencia de ello es la consideración del libre albedrío en la persona, que desarrolla el hecho de ser libre para decidir guiados por la razón. Esto último garantiza que las decisiones las toman individuos y de ser así, es a partir de las personas que debemos iniciar el estudio de la economía, el cual luego puede ser ampliado hacia grupos sociales de diversos tipos y más grandes, y de esa manera ampliar la razón para comprender cómo se forman o cómo desaparecen los grupos, cuáles son sus estructuras y cómo funcionan. Por tanto, el individuo es la unidad básica de análisis económico.

De allí cabe preguntarse por ¿Qué consecuencias puede tener considerar a los colectivos con vida propia? Entre ellas podemos mencionar la siguiente: la definición de socialismo busca dar vida propia al colectivo al eliminar la propiedad privada de los factores de producción para convertirla en propiedad colectiva, pero la manera de organizar esto es mediante personas individuales que tienen el monopolio de la violencia otorgada por el Estado.

Por el contrario, desde la interioridad que implica tener autoconciencia de individualidad, se puede tener aspiraciones de ser cada vez más, de ser más, de desarrollarse y auto-realizarse. Esta autoconciencia permite darse cuenta del entorno que nos rodea. Es allí como entramos a la segunda variable: el tipo de relación.

Prudencia, economía y buscadores de fines y medios

De la característica de la virtud de la prudencia es posible **discernir en toda circunstancia nuestro verdadero bien y elegir los medios rectos para realizarlo**. Se percibe una relación entre medios y fines, donde existe dos elementos a elegir: 1) los fines por medio del discernimiento del verdadero bien y 2) los medios para alcanzar los fines. De esas dos elecciones nace la pregunta: ¿qué fines serán alcanzados utilizando qué medios? Esa respuesta se obtiene por medio de relaciones, por lo que esta característica da valor a la variable Tipo de Relación. De esta variable se valora que la virtud de la prudencia es una relación entre medios y fines. El fin es el bien de cada circunstancia y el medio es lo elegido o creado para alcanzar ese medio. Además, por haber dos tipos de elecciones y considerando que la teoría económica menciona que elegimos debido a la escasez, se observa acá un problema referido a la escasez por múltiples fines y medios, entre los que hay que escoger porque no se puede disponer de todos.

Al observar las definiciones de economía, cabe preguntarse: ¿quién relaciona? y ¿qué relaciona? Como es de esperar, en el grupo de quienes consideran a la sociedad con existencia real y autosubsistentes, es la sociedad quien relaciona. Al plantearnos en este segundo grupo ¿qué relaciona? Como en los otros dos grupos, el medio a relacionar siempre es el recurso escaso, y en este grupo la producción y la distribución es el fin predominante (a excepción de Mankiw que deja abierto cuál es el fin porque sólo se centra en el medio, que no deja de ser la escasez de los recursos).

Algo importante de resaltar en este grupo es el considerar a los fines y los medios como dados. De esa manera se desarrollan los estudios de economía y hacen que el centro de la misma conduzca a la maximización de beneficios, pero si los fines y medios están dados, no hay cabida para la virtud de la prudencia, porque sólo habría que ser eficiente con lo que se tiene sin una elección de cosas nuevas.

Un elemento a mencionar en estos textos es la explicación que siempre dan a la escasez, referida también a una relación entre necesidades ilimitadas y recursos limitados para satisfacer esas necesidades, por lo que se deduce que el fin último de la economía es la satisfacción de las necesidades cuando los recursos son escasos.

En el segundo grupo, donde quien relaciona es la persona, al ser el centro la persona se da vida a superación de la crisis de la modernidad que a juicio de Benedicto XVI no obedece a la centralidad en la persona ni de sus preocupaciones, sino que tiene problemas planteados por un humanismo separado de su fundamento ontológico. Es así como observamos que la definición de economía adelantada por Samuelson y Nordhaus (1948/2002) - donde figura la vida propia de la sociedad - se centra en la persona porque atiende a sus preocupaciones al buscar satisfacer sus necesidades, pero se separa de su fundamento ontológico porque hace perder su individualidad y por consecuencia su responsabilidad.

De esta manera, consideramos que un humanismo centrado en su fundamento ontológico en la rama del saber económico corresponde con la praxeología de Mises, el cual reflexiona constantemente sobre la acción de los seres humanos, por lo que realizan acciones conscientes hacia objetivos elegidos. Es allí donde se encuentra el fin o meta: en los objetivos elegidos de cada individuo.

Ciertamente, la acción implica un propósito en el comportamiento del individuo. Ello va unido a la elección consciente de ciertos medios para alcanzar sus objetivos, los cuales hay que elegir por ser escasos, pero como desea alcanzar sus objetivos, los medios son valiosos para él. Estos medios valiosos se establecen mediante relaciones esenciales vitales con el mundo al transformar cosas en medios útiles, pero también mediante relaciones esenciales vitales con las demás personas al aprender constantemente del otro, al intercambiar con el otro, al construir su yo y al encontrarse con el otro.

Con todo, la economía centrada en el individuo se convierte en el desarrollo de la capacidad creadora de la persona, que se consigue al relacionar construir sus fines haciéndose más consciente al observar su entorno y creciendo aún más cuando esos fines son alcanzados al incrementar su relación esencial vital con todo el entorno, tanto cosas y aún más personas.

En cuanto al tercer grupo, se hace más difícil identificar el fundamento ontológico de la persona, puesto que en ocasiones da existencia real y racional a la sociedad y en otros momentos solo se la da a la persona. De todo esto vemos con suma importancia el recuperar la centralidad de la persona, puesto que es quien tiene capacidad de razonar. De esa manera volvemos a la necesidad de asumir ese giro kantiano en todas las ramas del saber, en donde el objeto no es independiente del sujeto, sino que el objeto es construido por el pensamiento de la persona, que llega a la verdad cuando hay acuerdo en común entre todas las personas. Además, esta concepción despierta la capacidad creadora de la persona al enlazar el presente con el futuro y al buscar la manera viable de transformar - desde su pensamiento - una cosa en un bien útil.

En conclusión, solo cuando los fines y medios no están dados es que hay cabida para la virtud de la prudencia, porque ello requiere de la recta acción. Al considerar que los fines y los medios nunca están dados, hay que establecer reglas para la acción, porque cada persona debe determinar o producir constantemente sus fines y medios debido al fundamento ontológico referido a "la búsqueda, siempre nueva y fatigosa, de rectos ordenamientos para las realidades humanas es una tarea de cada generación; nunca es una tarea que se pueda dar simplemente por concluida" (Benedicto XVI, 2007c, N° 25). Esto vuelve a la economía dinámica mediante procesos que van cambiando de acuerdo a los tipos de relaciones esenciales vitales con el mundo, con las personas, con el misterio y consigo mismo, que generan cambios de informaciones por las distintas interacciones no basadas en equilibrio sino más bien en desequilibrio, porque son éstos últimos los que llevan a la persona a la búsqueda de hacerse cada vez más humano.

Prudencia, economía y forma de elegir fines y medios

De la característica "meditar los pasos para alcanzar el fin por medio de la sensatez", entendida como cordura, buen juicio o raciocinio se observa a la meditación como medio para el uso de la razón. Esta meditación también da cabida al giro kantiano en torno a que el objeto depende del pensamiento, pero ese pensamiento por medio de la razón puede llegar a la verdad. De ello se deduce que la variable es la forma de elegir medios y fines.

Dentro de los pensadores del grupo que hemos identificado entre quienes dan vida real a la sociedad, una forma de elegir (semejante al grupo de quienes solo dan vida real a la persona) son medios para meditar los pasos a seguir al momento de tomar decisiones, principalmente el a) análisis costos/beneficio, donde ante cada decisión se pondera el beneficio y los costos que acarrea el tomar esa opción el concepto; y b) el costo de oportunidad, el cual establece un estado de alerta acerca de tomar en cuenta cuál es la mejor opción a la que se renuncia al momento de tomar alguna decisión.

Sin embargo, entre esos dos grupos hay diferencias fundamentales, como las siguientes: Es evidente que quienes consideran a la sociedad como un ser real pertenecen a la escuela de la teoría neoclásica, y quienes dan solo categoría real son los de la Escuela Austríaca, centrados en las acciones más que en las decisiones.

Por ello reiteramos que sólo una concepción de la persona como la planteada por la Escuela Austríaca puede desarrollar la virtud de la prudencia, porque este subjetivismo consiste en partir siempre del ser humano no abstracto sino el real, que puede ser percibido por los sentidos como creativos y protagonistas de los procesos sociales. Esto justifica que la teoría económica no se centra en cosas y objetos materiales sino en personas, en sus apreciaciones y sobre las acciones humanas que se obtengan de ellas.

Desde este punto de vista, los bienes, las riquezas y todas las demás nociones de la conducta no son elementos de la naturaleza que no cambia, sino de la capacidad creadora del raciocinio. Por eso, para los austríacos, a diferencia de los neoclásicos, las restricciones en economía no vienen impuestas desde fuera por factores materiales del mundo exterior. De allí que los recursos naturales no garantizan la riqueza de las naciones. La riqueza surge por el conocimiento humano que desarrolla la perspicacia empresarial buscadora de utilidad en los medios y fines.

Otro elemento que puede conducir al desarrollo de la virtud de la prudencia es el lenguaje verbal no matemático. La teoría neoclásica - que incluso da vida a los colectivos - basa sus enseñanzas en el lenguaje matemático. Sin embargo, tal como expresa Mises en su libro Acción Humana, la matemática es apropiada para la física, pero los positivistas y empiristas modernos que creyeron como deber emular todas las demás ciencias sociales con las físicas. No obstante, en física, los axiomas y por tanto las deducciones, son puramente formales y solo adquieren significado en la medida en que puedan explicar y predecir hechos dados. Contrariamente, en la praxeología o el análisis de la acción humana, más que axiomas, se descubren principios de la naturaleza humana que son verdaderos y significativos cuando se perciben y desarrollan desde la capacidad de acción.

En consecuencia, cada deducción verbal es verdadera y significativa, pues la gran cualidad de las proposiciones verbales es significativa, mientras que los símbolos matemáticos no son significativos por sí mismos. De allí surge el éxito que se está observando en los programas de economía para niños y jóvenes en la actualidad, dado que no parten de supuestos no reales como los que construyen los modelos económicos matemáticos de la teoría neoclásica.

En modelos matemáticos no hay cabida para la virtud de la prudencia. Una justificación de esto está precisamente en la epistemología kantiana, la cual Mises desarrolla cuando sostiene que el concepto de acción es apriorístico a toda experiencia, porque es, como la ley de causa y efecto, fundamento ontológico necesario de la estructura lógica de la mente del ser humano.

De todo lo anterior se deduje que cuando el discernimiento de los fines entra el ámbito de la economía, la virtud de la prudencia juega un papel protagonista porque "la economía, en verdad, no se ocupa ni de los resortes que inducen a actuar, ni de los fines últimos de la acción, sino de los medios que el hombre haya de emplear para alcanzar los objetivos propuestos" (Mises: 1945/2010, p. 42).

En este sentido, el Papa Benedicto XVI amplía el concepto de economía demostrando totalmente la falacia del fin justificador de los medios, al mencionar que:

> el fin bueno jamás puede justificar medios intrínsecamente ilícitos. No es sólo cuestión de sano criterio en el empleo de los recursos económicos limitados, sino también, y sobre todo, de respeto de los derechos fundamentales del hombre en el ámbito mismo de la investigación científica (Benedicto XVI, 2006 b N° 3)

De esta cita podemos resaltar tres elementos. Primero, la famosa frase *cum finis est licitus, etiam media sunt licita* (cuando el fin es lícito el medio también es lícito) del teólogo Hermann Busenbaum citado en Barrett (1913); de lo que pudiéramos visualizar que los medios sostenibles son correspondientes a fines lícitos o acordes con la naturaleza humana.

Segundo, considerando que la asignación de recursos escasos con ingenio, sentido común y eficiencia conduce al progreso, Benedicto XVI (2006b) sostiene que "El progreso sólo puede ser progreso real si sirve a la persona humana y si la persona humana crece; no sólo debe crecer su poder técnico, sino también su capacidad moral" (N°3); por lo que se refuerza que los no acordes con la naturaleza humana dejan vacío a los fines de las personas, y los fines de las personas sin medios acordes con la capacidad moral no tendría sentido.

Prudencia, economía, incertidumbre y riesgos

La característica de la virtud de la prudencia no es timidez ni temor, ni dualidad, ni disimulación. Se observa cómo el prudente medita y actúa cuando descubre que al actuar es posible sustituir un estado menos satisfactorio por otro mejor. Al reconocer que los fines y medios no están dados, se tiene una actitud de afrontamiento para con lo desconocido, que desarrolla el sentido común como el reflejo del "conocimiento de las consecuencias de las acciones antes de realizarlas" (Chacón 2013, p. 40). Ese anhelo de pasar a un estado más satisfactorio conduce a la variable en la forma de enfrentar la incertidumbre. Ésta se puede enfrentar desde la acción que reconoce la adaptación a las constantes cosas nuevas a ser creadas por el ingenio humano, o la paralización por no tener disponibilidad de enfrentar las cosas nuevas.

De lo anterior se desprende el concepto de inversión y perspicacia empresarial. En primer lugar, porque los estudios de riesgos, inversión y emprendimiento en economía se ven marcados por la incertidumbre. Estudios sobre ello han hecho merecedores a premios Nobel de economía a Oliver Hart y Bengt Holmström en el año 2016 por estudiar los riesgos e incentivos de los contratos; Ohlin, Bertil en el año 1977 al estudiar las relaciones entre ahorro e inversión donde el riesgo juega un componente fundamental. Los ganadores de premios Nobel sobre crecimiento económico como Kuznets en el año 1971 y Solow en el año 1987 toman en cuenta a la inversión como uno de los principales determinantes y la influencia de los riesgos en los mismos. George Akerlof y Michael Spence en el año 2001 ganaron premios Nobel al considerar las asimetrías de información que en lenguaje de la prudencia también se asocia con la superación del temor por la presencia de incertidumbre. Vernon Smith y el psicólogo Daniel Kahneman recibieron premios Nobel en el año 2002 por sus estudios sobre el comportamiento económico del ser humano en momentos de incertidumbre, evidenciando la necesidad de la prudencia para evitar las pérdidas.

De esta manera podemos concluir la necesidad de tomar en cuenta la incertidumbre en el estudio de las relaciones de fines y medios escasos que realiza la economía. Esto contribuiría a los saberes necesarios para la educación del futuro planteados porque se tendrían que enseñar principios de estrategia que permitan afrontar los riesgos, lo inesperado, lo incierto, y modificar su desarrollo en virtud de las informaciones adquiridas en el camino. "Es necesario aprender a navegar en un océano de incertidumbres a través de archipiélagos de certeza"

Asumir principios como éstos obligaría a replantearse el supuesto de información completa y perfecta planteado por los textos clásicos de economía, que de alguna u otra manera han cuestionado los premios Nobel de economía mencionados, y que la Escuela Austríaca viene presentando.

En conclusión, cuando la virtud de la prudencia desarrolla la capacidad creativa del ser humano, no debe confundirse con el temor sino con la perspicacia empresarial dirigida por un estado de alerta con la intención de desarrollar la habilidad de ver una oportunidad allí donde otros no la ven. De allí la importancia del papel de la información, la cual no es perfecta ni completa como lo plantea la teoría neoclásica, sino que está diseminada entre muchas personas cuya capacidad creativa los lleva no solo a buscarla sino a crearla.

Considerando que uno de los elementos fundamentales para la enseñanza de la economía es el no confundir virtudes humanas con virtudes teologales, la variable principal para ello es identificada en la participación del Estado en la virtud. Por ello se observa la participación del Estado en el fomento y defensa de la prudencia justificada por varias razones. Primero, por ser una realidad temporal que por lo tanto requiere de un árbitro que garantice su buen desenvolvimiento. Segundo, si la imprudencia interfiere en los derechos de los demás, Weber (1919/2010) plantea que el Estado aplique el monopolio de la violencia para el restablecimiento de la paz social.

Cuadro 6

Estado y Virtud de la Prudencia

Definición de prudencia	Forma de ser fomentada por el Estado	Sanción por parte del Estado al oponerse a las virtudes
Dispone la razón práctica a discernir en toda circunstancia nuestro verdadero bien y a elegir los medios rectos para realizarlo	Un buen sistema de educación facilita a los educandos y ciudadanos la Información necesaria y relevante para que tomen decisiones sobre lo que más les concierne Un buen sistema de información y de transparencia Procesos e instituciones claros, simples y adecuados para la toma de decisiones	Los tribunales condenan a quienes escojan medios que perjudiquen los fines de otros

Fuente: Elaboración propia

Luego de lo mencionado sobre la prudencia, es posible trazar una ruta de la disposición habitual y firme a ser adquirida desde la enseñanza de la economía, con sus acciones concretas derivadas de esas disposiciones y la teoría económica que argumenta el desarrollo de esa virtud.

Cuadro 7

Prudencia en la Enseñanza de la Economía

Disposición habitual y firme	Acciones concretas con las que hace el bien	Conceptos económicos involucrados
Constantemente valora sus fines y medios. Aplica el concepto de costo de oportunidad y pondera costos y beneficios en la toma decisiones	La persona identifica quien es, qué es capaz de hacer y maneras de aumentar su capacidad creadora. Aprovecha las oportunidades sin perjudicar a otros	Costo de oportunidad. Análisis costo beneficio. eficiencia
Busca fines y medios, se informa para ello porque el conocimiento y la información están dispersos y cambian constantemente	Buscador de conocimiento e información	Creatividad Empresarial
Observa hechos y personas, distingue hechos de opiniones. Realiza planificaciones y presupuestos	Se adapta a la sociedad y tiene influencia	Perspicacia empresarial para descubrir fines y medios
Relaciona causa y efecto, identifica qué información es necesaria para producir para sí mismo y para los demás	Empresario creativo	Perspicacia empresarial para descubrir fines y medios
Capacidad de asumir riesgos para la creación de cosas buenas. Desarrolla el sentido común	Conoce consecuencias de las acciones antes de realizarlas.	Definición de economía de acuerdo al sentido común

Fuente: Elaboración propia

De lo expuesto hasta ahora, podemos deducir el siguiente círculo virtuoso al cultivar la virtud de la esperanza para el desarrollo de la economía.

Figura 1

Círculo Virtuoso de la Prudencia en la Economía

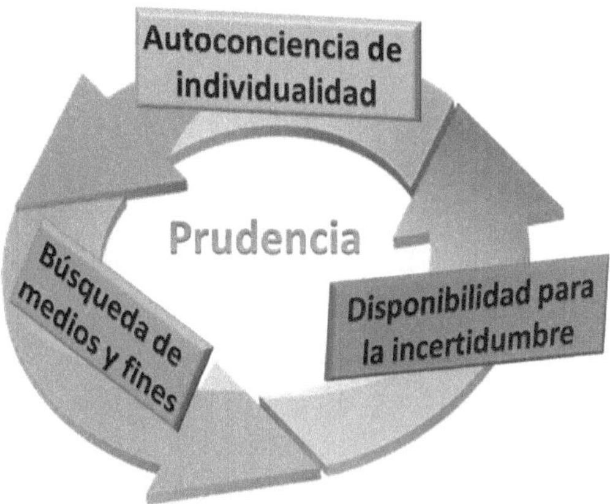

De acuerdo a Kant (1803/2010), la prudencia es una virtud a ser desarrollada desde la infancia. De igual manera, las disponibilidades presentadas en el cuadro número 6 son ampliadas en mayor o menor grado en los programas de educación económicas para niños y jóvenes de la muestra e incluso en el de Aflatoun que es un programa de educación social y financiera.

Retomando la pregunta anterior acerca de ¿cuáles serán esos derechos fundamentales a desarrollar por medio de la enseñanza de la economía? Iniciamos la segunda virtud, la de la justicia.

Derecho de propiedad, justicia y riqueza

La justicia para con las personas consiste en respetar los derechos de cada quien y en asentar en las relaciones humanas la armonía que suscita la equidad respecto a las personas y al bien común. De acá cabe preguntarse acerca de ¿cuáles serán los derechos económicos fundamentales a respetar en cada persona? y ¿cómo se asientan las relaciones humanas el respeto y bien común?

Ante ello cabe detenerse a revisar la Declaración Universal de los Derechos Humanos.

Estos derechos tienen las siguientes características: 1) Confluyen en un núcleo fundamental de derechos a diferentes culturas, expresiones jurídicas y modelos institucionales. 2) Protegen la dignidad humana. 3) Adoptan un "ideal común" (preámbulo) y no pueden ser aplicados por partes separadas. 4) Están enraizados principalmente en la justicia que no cambia, sobre la cual se basa también la fuerza vinculante de las proclamaciones internacionales. 5) Corren el riesgo de convertirse en proposiciones frágiles de la legalidad cuando prevalece sobre la justicia, cuando la insistencia sobre los derechos humanos los hace aparecer como resultado exclusivo de medidas legislativas o decisiones normativas tomadas por las diversas agencias de los que están en el poder. 6) Son válidos para todos los tiempos y todos los pueblos por venir de la interacción humana.

Al comparar la universalidad de estos derechos con los mencionados por Bastiat: vida (personalidad), libertad y propiedad se encuentra que estos tres derechos están incluidos en la Declaración Universal de Derechos Humanos, y son considerados base para el ejercicio de la economía. A pesar de esta consideración, ninguno de los principales textos de introducción a la economía de universitarios los mencionan, tampoco son mencionados en los textos de educación social y financiera para niños y jóvenes, el cual es el que tiene mayor replicabilidad en el mundo, pero si aparecen en los programas de economía de corte liberal como el Programa de Formación Económica para Niños, Niñas y Jóvenes, y el del Foundation Economics Education, entre otros.

Precisando de una vez para esta investigación el artículo 17 de la Declaración Universal de los Derechos Humanos, referido al derecho de propiedad individual, que es la base del ejercicio económico sano y con expansión del bien común, por lo que se considera el fundamento de justicia a enseñar en todo programa de enseñanza de la economía, de manera especial a niños y jóvenes. Tal conclusión es garantizada en los siguientes planteamientos:

Primero, "La única conclusión que de la experiencia histórica cabría deducir, admitiendo que ésta, al respecto, algo pudiera decirnos, es que la civilización, indefectiblemente, va unida a la propiedad privada" (Mises; 1945/2010, p.208).

Segundo, la libertad es una consecuencia de la propiedad, tal como lo sostiene Hayek:

La inmensa mayoría de los ciudadanos del presente no tienen idea de a qué deben su libertad y su prosperidad, es decir, que su libertad es el resultado de una lucha larga y fructífera por los derechos, de los cuales el derecho a la propiedad es el fundamental. No tienen, por tanto, conciencia de los efectos perjudiciales que la restricción de los derechos de propiedad tendrá, a la larga, sobre sus vidas (Hayek, 1988/2010)

Esto nos lleva a pensar acerca de ¿cuál será la razón por la que la propiedad va unida a la civilización? Considerando que el problema de la economía obedece a la escasez de los medios o recursos en relación con los fines o necesidades ilimitadas de las personas, históricamente este problema ha sido tratado de tres maneras. La primera utilizando la violencia, donde las personas se enfrentan a robos o guerras y quien resulte vencedor tendrá el poder de decidir sobre el resto de los integrantes de la sociedad. De esta manera no existe el derecho de la propiedad a causa de la inestabilidad, agresión, no reconocimiento del otro que envuelven a las relaciones de las personas. No existe una relación esencial vital con el otro, porque el yo no se construye a partir del tú.

En consecuencia, sin el derecho de propiedad, la diferencia entre cada persona nunca podrá ser una manera de existir porque nadie se coloca de frente al otro admitiendo a una persona diferente, única y capaz de responder de manera libre y voluntaria a un intercambio de la esencia de cada persona, dado que, para que los intercambios se den, es necesario que quienes participen "posean" las cosas, es decir, tengan el atributo de la propiedad del derecho de su dueño a transferir su posesión a otro.

De lo contrario solo habrá violencia. En tal sentido, para tener una relación con el otro la persona se enfrenta siempre a dos posibilidades: cooperar o usar la violencia. Al respetar sus derechos de propiedad, la relación se convierte en esencia vital por reconocer su otredad y en consecuencia se realiza el intercambio con el consentimiento mutuo, obteniendo de esta manera paz social.

La segunda manera de llevar adelante esa relación de medios escasos y fines ilimitados sin respeto absoluto de los derechos de propiedad es por medio de la intervención del Estado teniendo como justificación el bien común por medio de la administración de los recursos escasos mediante la aplicación del racionamiento, dándole a cada integrante de la sociedad una ración de dicho recurso.

Como resultado, no existe derecho de propiedad porque quienes gobiernan el Estado asumen el poder de decisión en representación de la gente y en nombre del bien común se convierte, al igual que quien aplica la violencia, en el único el único que elige.

La tercera manera histórica de relacionar la escasez de los medios para alcanzar los fines es con base en la propiedad privada. Consideramos que el derecho de propiedad es el gran aporte a dar por parte de la rama del saber económica a las relaciones esenciales vitales con el mundo, con las personas, consigo mismo y hasta con el misterio; dado que la propiedad privada genera no solo leyes, sino también hábitos y costumbres para las relaciones con los otros considerando que el derecho de propiedad es

> instrumento de la sociedad y su significación deriva del hecho de que ayudan a formarse las expectativas que se pueden sustentar razonablemente en las relaciones con otros. Estas expectativas encuentran su expresión en leyes, hábitos y costumbres de una sociedad. El propietario de ciertos derechos de propiedad posee el reconocimiento de sus pares para permitirle actuar de determinadas maneras. Un propietario espera que la comunidad impida que otros interfieran en sus propias acciones a partir de que tales acciones no están prohibidas en la especificación de sus derechos (Demsetz, en Krause: 2003, p. 90).

De todo esto se desprende que la persona que se aísla de la violencia no se posiciona frente a algo a manipular o un "objeto de algo", sino en un "entre"; se coloca en relación con el otro y es por ello que diálogo es en principio relación y reconocimiento mutuo de lo que pertenece al otro, cuya pertenencia da atributos al propietario de decidir cómo va a usar su propiedad, cómo disfrutarla, cómo intercambiarla y que al final cuando este intercambio es libre y voluntario, se convierte en ese diálogo Buberiano. Pero no podemos pasar por alto el atributo del propietario de ser responsable de su mantenimiento, porque significa riqueza.

Aparte de la relación esencial vital basada en la propiedad privada que genera un orden social propio para la cooperación, la propiedad privada, en correspondencia con Hayek generó otra "derivación de una larga evolución" (Mises 1922/2003, p. 654,) al dar también como respuesta racional a la escasez: el abandono de métodos depredadores de la caza y la recolección, para apropiarse permanentemente los factores de tierra más productivos para sí mismos (Mises 1922/2003, pp. 656-657).

Atendiendo a la respuesta racional de la propiedad, se hace énfasis a ésta no solo en el disfrute de sus beneficios, sino en el ser responsable de su mantenimiento. Por ello, el crecimiento de la propiedad privada favoreció y favorece el avance de la civilización por dos razones fundamentales: en primer lugar por el incentivo al progreso, dado que las personas dan mayores esfuerzos en sus actividades en la medida en que goce de los resultados del esfuerzo ejecutado en el aprovechamiento de sus propios recursos. Históricamente se ha visto que en vano se trata de incitar a las personas a esforzarse al máximo si luego su resultado es utilizado por otro, o dicho de otra manera, si no quien se esfuerza no ejerce sobre su trabajo su derecho de propiedad.

En segundo lugar, la propiedad privada favoreció y favorece el avance de la civilización por el incentivo a protección de los recursos, es decir, de lo que es objeto de propiedad. De allí el pensamiento de que lo que es de todo termina siendo de nadie. Este elemento da razones del fracaso histórico de las expropiaciones, tal como denunció por Juan Pablo II al inferirse que cuando los socialistas expropian, no tienen en cuenta la función social de la propiedad y esto origina "penuria de las cosas necesarias y la ineficacia económica" porque las empresas que estaban en manos de quienes demostraron ser más capaces para sacarles partido se pusieron en manos de quienes la manejan con ineficiencia.

En este sentido, se hace propicio mencionar que desde la concepción del estado liberal de derecho, el Papa Benedicto XVI aborda los tres elementos que, según Mises, se funcionan en el Socialismo. El primero de ellos es la "estructura económica" y la vida entera de un período determinado, seguido por el concepto definido de clases y luchas de clases y por último una teoría del progreso (una doctrina referente al destino de la humanidad, al sentido y naturaleza, al propósito y fin de la vida humana)". Este último aspecto, según Mises, es el que menos llama la atención, a pesar de que, desde su punto de vista, es el que sostiene el Socialismo. En la *Encíclica Deus Caritas Est* el Papa Benedicto XVI resume el modo como la doctrina social de la iglesia nació en el año 1891 con el fin de demostrar que la estructura económica propuesta por Karl Marx en cuanto a la colectivización de los medios de producción para resolver los problemas de justicia y pobreza es un fracaso que empeora la situación porque va contra la naturaleza humana. Acá es importante acotar cómo el Papa León XIII en la Rerum Novarum menciona que una diferencia entre animales y humanos está en la "propiedad", debido a que un animal sólo usa las cosas, porque no es propietario; ello obedece por no cumplir con todos los atributos del propietario, como la capacidad de transferir, porque nunca se ha visto que un perro cambie con otro perro, por ejemplo, un hueso por un juguete. Mientras que el ser humano por su razón puede ser propietario, y ello implica intercambio. Esto genera avance en la civilización porque, para intercambiar, la gente ofrece lo mejor de sí para obtener cosas de su agrado. Por el contrario, el socialismo solo invita a usar las cosas, tal como lo hacen los animales, no a ser propietario; el cual es el elemento fundamental del estado liberal de derecho.

Es allí el brillante resumen establecido por el Papa en cuanto a que el Estado, como garante de las normas de una sociedad para la convivencia en paz, debe tener normas en función a la naturaleza humana, y dentro de la naturaleza humana se encuentra la propiedad como uno de los elementos que nos distinguen de los animales, porque los animales solo usan las cosas, más no son propietarios de nada porque no tienen la disponibilidad de intercambiar lo que poseen, elemento fundamental para ejercer la imagen y semejanza de Dios como ser creador, porque al intercambiar, las personas utilizan su ingenio, capacidad de innovación y de satisfacer necesidades de otros para transferir la propiedad de algo que otros de deseen, y de esa manera producir un intercambio donde se valore más lo que se recibe que lo que se da.

Es importante acotar que esta defensa a la propiedad privada de los medios de producción por la que nació la doctrina social de la Iglesia también menciona el hecho de que sólo de esa manera se garantiza la conservación de los recursos porque el propietario se hace responsable de su mantenimiento, cosa que no ocurre cuando la propiedad es colectiva. De allí la necesidad de fomentar un Estado que garantice los bienes legítimamente adquiridos.

A este respecto, la doctrina social de la Iglesia siempre ha defendido la propiedad y la coloca como un principio al que denomina "Destino Universal de los Bienes". Este principio algunas veces ha sido mal interpretado por teólogos latinoamericanos como los precursores de la Teología de la Liberación, que han querido cristianizar al marxismo y por ello buscan validar la colectivización de los medios de producción, pero con quien el Cardenal Joseph Ratzinger como prefecto de la congregación de la Doctrina de la Fe luchó constantemente por desmontar y que ello es contrario a lo que busca la Doctrina Social de la Iglesia, a la naturaleza humana y por ello al cristianismo.

Es por ello que el destino universal de los bienes más bien corresponde con lo planteado por von Mises acerca de la "función social de la propiedad" mencionada en el capítulo XVIII de su texto *El Socialismo*.

Esta visión de Estado, mencionado por el mismo Papa como estado liberal de derecho, es argumentada en su primera *Encíclica Deus Caritas Est*, cuando hace referencia a la justicia y la caridad haciendo alusión a que el Estado tienen como objetivo perseguir la justicia y que el objetivo de un orden social justo es garantizar a cada uno, respetando el principio de subsidiaridad, su parte de los bienes comunes lo que le pertenece.

Sin embargo, en la *Encíclica Spe salvi*, El Papa menciona cómo el desarrollo de la naturaleza humana condujo a la Revolución Burguesa que trajo progreso, pero en el numeral 20 y 21 de esa encíclica menciona la necesidad en ese entonces, como actualmente, de ver a los pobres pero sin caer en el "error fundamental de Marx" tan contrario con el estado de derecho, debido a que Marx indicó cómo cambiar el sistema económico, pero (dice el Papa) "no nos dijo cómo se debería proceder después. Suponía simplemente que, con la expropiación de la clase dominante, con la caída del poder político y con la socialización de los medios de producción, se establecería la Nueva Jerusalén" (Numeral 21).

En la cita anterior continúa diciendo el Papa que, según Marx, se anularían todas las contradicciones y así todo podría proceder por sí mismo por el recto camino, "porque todo pertenecería a todos y todos querrían lo mejor unos para otros". Sin embargo, fue el mismo Lenin que luego de actuar de esta manera donde se consideraba que la justicia estaba por encima del estado de derecho, éste se percató de que en los escritos de Marx no había ninguna indicación sobre cómo proceder. Había hablado ciertamente de la fase intermedia de la dictadura del proletariado como de una necesidad que, sin embargo, en un segundo momento se habría demostrado caduca por sí misma.

En este sentido, el Papa León XIII en la sostiene que: "El que Dios haya dado la tierra para usufructuarla y disfrutarla a la totalidad del género humano no puede oponerse en modo alguno a la propiedad privada. Pues se dice que Dios dio la tierra en común al género humano no porque quisiera que su posesión fuera indivisa para todos, sino porque no asignó a nadie la parte que habría de poseer, dejando la delimitación de las posesiones privadas a la industria de los individuos y a las instituciones de los pueblos" (Rerum Novarum N° 6). Claro está que poseer algo en común con los demás, como la tierra, no tiene que excluir la propiedad privada. También el Papa Pablo VI (1967) expresa que el derecho de la propiedad no debe ejercerse en detrimento de la utilidad común. Ciertamente la frase "utilidad común" induce a pensar que la propiedad no es individual ni personal, por lo que sería incongruente con las definiciones anteriormente expuestas donde se plantea como derecho legal al uso exclusivo de un bien, y a la exclusión de otras personas de su posesión; pero el dar o compartir no implica abolir la propiedad privada, empezando por el hecho de que nadie puede dar lo que no tiene, así resulta necesario poseer algo para luego compartirlo o darlo.

Solo los propietarios son solidarios

La propiedad privada es condición necesaria para donar, compartir, dispensar, adjudicar y/o conceder cualquier cosa o bien a un individuo. Ser propietario de alguna cosa o bien no implica obligatoriedad en compartir lo que se posee, sino que por el contrario, a través de la libertad que el mismo Dios le dio al hombre, lo invita a compartir con sus semejantes los bienes que ha hecho de su propiedad, para que así como tiene el deber de conservar su vida, procurándose los medios necesarios para ello, a través de su trabajo reservándose para sí y para los suyos lo que ha ganado con su trabajo, tenga el deber de asistir a los que necesitan para que ellos también garanticen su vida y puedan procurarse lo que necesitan. Es tanto esencial como imprescindible dejar claro que esa cuota de reparto, de compartir la propiedad privada de la cual la iglesia alecciona en toda su larga historia apegada a la enseñanza de Dios y que por medio de su magisterio nos comunica, se refiere al hecho de dar de manera libre y voluntaria, sin imposiciones y sin juzgar porque ello es una virtud teologal que solo le compete juzgar a un Dios que se considera misericordioso.

La propiedad privada entonces da la oportunidad de ejercitarse en la generosidad con el necesitado, siendo este ejercicio libre. Es precisamente la libertad donde reside la distinción entre una propiedad que carece del derecho a disponer y gozar por pretender auxiliar justamente a quien está necesitado, haciendo la propiedad común a través de la imposición para beneficio de la parte afectada por insuficiencia, de aquella, donde se garantiza el derecho al goce y el usufructo en libertad de quien lo posea y en la misma libertad el uso compartido con quien lo necesite. Considerando la libertad como un elemento álgido que atañe y clarifica el sentido y mucho más el concepto de la propiedad privada, urge hablar del doble carácter de la propiedad, con el propósito de despuntar toda confusión entre lo expresado por los documentos papales y las definiciones laicas que el estudio de la economía ha desarrollado en sus distintas vertientes, este doble carácter de la propiedad es el individual y el social. Sobre ello la *Quaꞁragesimo Anno* (1931) refiere: "Ante todo, pues, debe tenerse por cierto y probado que ni los teólogos que han enseñado bajo la dirección y magisterio de la Iglesia han negado jamás ni puesto en duda ese doble carácter del derecho de propiedad llamado social e individual, según se refiera a los individuos o mire al bien común, sino que siempre han afirmado unánimemente que por la naturaleza o por el Creador mismo se ha conferido al hombre el derecho de dominio privado, tanto para que los individuos puedan atender a sus necesidades propias y a las de su familia, cuanto para que, por medio de esta institución, los medios que el Creador destinó a toda la familia humana sirvan efectivamente para tal fin, todo lo cual no puede obtenerse, en modo alguno, a no ser observando un orden firme y determinado".

Individual y social son las características más relevantes de la propiedad privada que permiten explicar la disyunta sintonía entre bien individual, compartir, bien común y posesión individual. Teniendo en consideración las advertencias de Pio XI (1931) respecto de no considerar este doble carácter: "negando o suprimiendo el carácter social y público del derecho de propiedad, se cae o se incurre en peligro de caer en el "individualismo", rechazando o disminuyendo el carácter privado e individual de tal derecho, se va necesariamente a dar en el "colectivismo" o por lo menos, a rozar con sus errores". El peligro de esta negación es caer en el individualismo, así como quienes disminuyen o rechazan la doble esencia de la propiedad privada caen en colectivismo cuya expresión más compatible en términos económicos es el socialismo.

Si recibir y/o poseer algo implica un derecho, esto supone el usufructo en virtud del trabajo y la modificación de lo que se posea en referencia al sello personal que cada quien imprime a las cosas por medio de la transformación y el trabajo que se propugnan sobre tales cosas que se poseen. La propiedad privada acarrea entonces un derecho sobre algo: otorga a los individuos el derecho exclusivo a usar sus recursos como ellos deseen. El dominio sobre lo propio hace que los usuarios de la propiedad tomen plena conciencia de todos los costos y beneficios de emplear sus recursos de una determinada manera. El proceso de ponderar estos costos y beneficios produce lo que la economía denomina "resultados eficientes", pero también promueve deberes, administrar de forma racional y moral eso que se posee, no solo para granjearse el bien particular y la satisfacción individual, sino también con respecto al entorno, a la comunidad y sus necesidades presentes, a lo cual, León XIII (1891) plantea:

Poseer bienes en privado, según hemos dicho poco antes, es derecho natural del hombre, y usar de este derecho, sobre todo en la sociedad de la vida, no sólo es lícito, sino incluso necesario en absoluto. «Es lícito que el hombre posea cosas propias. Y es necesario también para la vida humana». Y si se pregunta cuál es necesario que sea el uso de los bienes, la Iglesia responderá sin vacilación alguna: «En cuanto a esto, el hombre no debe considerar las cosas externas como propias, sino como comunes; es decir, de modo que las comparta fácilmente con otros en sus necesidades. (N° 17)

Más claramente nos deja ver Juan XXIII en la encíclica Mater est Magister que: "la propiedad privada lleva naturalmente intrínseca una función social. Por eso quien disfruta de tal derecho debe necesariamente ejercitarlo para beneficio propio y utilidad de los demás" (N°19). Entonces la propiedad privada comprende un derecho que es dado al hombre por naturaleza en el goce y uso de los recursos o bienes dado al hombre, así como un deber en la responsabilidad de administrar correctamente y de forma racional esos bienes para el goce y disfrute de todos, como por ejemplo, el de la familia, entidad de la sociedad más cercana a cada hombre que toca a la familia. La propiedad privada de los bienes materiales contribuye en sumo grado a garantizar y fomentar la vida familiar por asegurar oportunamente al padre la genuina libertad necesaria para cumplir con los deberes relativos al bienestar físico, espiritual y religioso de la familia.

Razón por el cual El *Compendio de la Doctrina Social de la Iglesia* esclarece: "El hombre no debe tener las cosas exteriores que legítimamente posee como exclusivamente suyas, sino también como comunes, en el sentido de que no le aprovechen a él solamente, sino también a los demás". Bien testimonia esta idea Mises:

La propiedad de los medios de producción no es un privilegio, sino una responsabilidad social. Los capitalistas y los terratenientes se ven constreñidos a destinar su propiedad a satisfacer del mejor modo posible a los consumidores. Si les falta inteligencia o aptitudes para cumplir sus obligaciones, sufren pérdidas patrimoniales. Si no aprenden de tales pérdidas y no modifican su conducta mercantil, acaban en la ruina total. Mises (Mises 1945/2010, p. 1045).

Como también con la teoría económica de la cual resulta curioso como dejó en un desierto teórico la propiedad privada, que por mucho tiempo no tuvo cabida en la literatura de los clásicos, la existencia de la propiedad privada fue una presunción subyacente en la obra de los economistas clásicos. Sin embargo, la iglesia ha desempeñado un papel notable en esa consolidación y estructuración de las ideas de la propiedad privada, pues bien los escolásticos fueron quizás los primeros en hacer un claro aporte.

De allí que, el Papa León XIII en la Enciclica Rerum Novarum sostenga que la propiedad es una variable que diferencia a los humanos de los animales, porque los animales solo usan las cosas: no las poseen, mientras que los humanos son propietarios siempre que puedan cumplir con los siguientes atributos:

1. Debe serle útil a la propiedad, soportar todas las cargas y responsabilidades que ellas generen. 2. Posee el derecho de transferir su posesión por otra. Es decir, una propiedad puede ser cambiada por otra. 3. Tiene el derecho de decidir cómo va a usar su propiedad. 4. Puede disfrutar de los ingresos que provengan de ella

Por estos atributos se considera que la propiedad promueve al avance de la civilización, incentiva el progreso porque ponemos nuestros mayores esfuerzos en una actividad en la medida en que se pueda gozar plenamente de los frutos del esfuerzo realizado en el aprovechamiento de los recursos.

Cuadro 8

Secularización de la virtud de la justicia

Definición desde el punto de vista económico	Forma de ser fomentada por el Estado
Firme voluntad de dar a cada quien lo que les es debido	De haber controversias, resuelve lo que en las relaciones entre individuos (justicia conmutativa), entre el todo social con los individuos (justicia distributiva) y entre los individuos con el todo social (justicia legal) ha de dar el uno al otro
	Ofrecen también seguridad jurídica, como lo hacen las leyes justas, claras y de aplicación pronta y cierta
	Cuando el Estado ofrece garantías, promueve no sólo la justicia sino también la libertad: cada quien puede decidir y gozar de lo suyo
	Protege entonces la propiedad de sus ciudadanos

Fuente: Elaboración propia

En cuanto a la virtud de la justicia para la enseñanza de la economía, se plantea el siguiente cuadro:

Cuadro 9

Virtud de la justicia en la enseñanza de la economía

Disposición habitual y firme	Acciones concretas con las que hace el bien
Respeta los derechos de cada uno y a establecer en las relaciones humanas la armonía que promueve la equidad respecto a las personas y al bien común	En la medida en que cada persona es más justa, cada cual es más libre de escoger, abrazar y disfrutar lo que le atañe
Preserva su libertad a decidir sobre lo que es suyo, y no usurpa lo que es de otros	Procura que cada bien y cada servicio sea de su dueño; que cada éxito y oportunidad de sea de quien lo merezca
	Un juego que no suma cero. En los intercambios cada quien sale ganando

Fuente: Elaboración propia

Para finalizar en relación con los aportes de la virtud de la justicia a la enseñanza de la economía, se presenta el siguiente círculo virtuoso.

Figura 2

Círculo virtuoso de la justicia en la economía

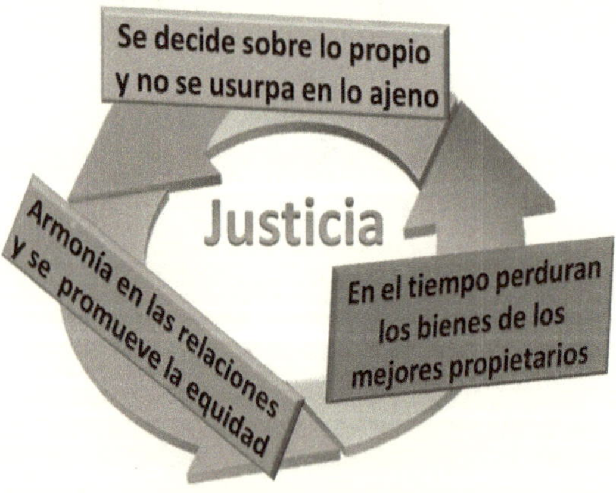

Valentía (fortaleza) y naturaleza empresarial

La virtud de la valentía consiste en asegurar firmeza ante las dificultades, firmeza y constancia en la búsqueda del bien y conduce a superar los obstáculos en la vida. Hace capaz vencer el temor, hacer frente a las pruebas y a las persecuciones y capacita para renunciar y sacrificar la propia vida por defender una causa justa. De igual manera, Aristóteles en la Ética a Nicómaco señala que los vicios de la fortaleza son el temor y el atrevimiento. Es decir, por una parte es un vicio huir de todo y por otra también lo es emprender todo.

Acá cabe la referencia vista en Zárate (2005) acerca de que para los griegos lo conocido hoy como fortaleza era llamado por ellos como valentía porque los romanos convierten la valentía en fortaleza. En consecuencia, es de notar la superación del temor al emprender y el emprender hacía el éxito y para el bien al no exceder con el total atrevimiento. Por esta razón, llamaremos en esta investigación a la virtud de la fortaleza como virtud de la valentía, dado que concuerda más con las características de un emprendedor, el cual es fundamental en la economía.

La valentía impulsa al individuo a resolver sus inquietudes emprendiendo acciones que facilitan el desarrollo de un plan de acción para definir las metas y objetivos que conforman la solución buscada. Estas soluciones constituyen una empresa en sí misma, pues la iniciativa a desarrollar parte de la libertad de acción y el derecho de propiedad. Estos elementos se perciben en la Centismus Annus de Juan Pablo II y en la Caritas in Veritate de Benedicto XVI, como se resume a continuación:

La persona, por ser imagen y semejanza de un Dios creador, se construye en la capacidad para crear por medio del trabajo, el cual solo lo desarrollan los seres humanos, porque la actividad que realizan el resto de las criaturas para mantener la vida no puede llamarse trabajo, ya que el trabajo puede crear cosas nuevas y ello solo es posible en los humanos; únicamente el hombre es capaz de trabajar para crear, y llenar su existencia sobre la tierra. Es así como el trabajo creador lleva en sí un signo de cada persona activa en medio de una comunidad de humanos.

En el mismo orden de ideas, Benedicto XVI al reflexionar sobre la parábola de los talentos y la une con la esencia del ser humano buscador, por lo que aplica hacer una reflexión sobre la parábola en donde se identifica la razón del empresario.

Evangelio de la perspicacia empresarial

En el Capítulo 25 del Evangelio de Mateo, la Parábola de los Talentos se relaciona con la forma en que se genera riqueza sin sumisiones, sin dádivas y sin idolatrías al Estado. Con respecto al mundo material, es una historia sobre el capital, la inversión, la empresarialidad y la asignación de los recursos escasos lo cual comulga perfectamente con el éxito empresarial que demuestra la importancia de la libertad enmarcada en preguntarse constantemente ¿qué puedo hacer? Sin tener la dependencia de un ente superior como el Estado.

En la parábola se sostiene que un hombre rico antes de emprender un largo viaje reunió a sus tres sirvientes. Les informó que cuidarían de su propiedad durante su ausencia. El amo detenidamente juzgó las habilidades naturales de cada sirviente. Le dio cinco talentos a un criado, dos a otro y uno al tercero, a cada quien según su habilidad. Luego el señor partió en su viaje.

A partir de allí, los sirvientes se enfrentaron al mundo de la función empresarial enmarcada en la inversión. Es así como el que había recibido cinco talentos hizo negocios confiando en su potencial y diciendo por él mismo y ganó otros cinco. El criado que recibió dos ganó dos más. Pero el sirviente que había recibido uno escondió la propiedad de su amo dentro de un hoyo en el suelo.

El señor regresó y les pidió cuentas. El sirviente que había recibido los cinco talentos se adelantó diciendo: "Señor, me confiaste cinco talentos; mira, aquí tienes otros cinco que he ganado" a lo que el señor responde, "Bien, criado bueno y fiel," respondió el amo, "Has sido fiel en lo poco, te confiaré lo mucho. Entra en el gozo de tu Señor".

Entonces el criado que había recibido dos talentos se acercó al amo y dijo: "Mi Señor, tú me confiaste dos talentos, mira, he ganado otros dos" y el amo felicitó al sirviente en forma similar.

Entonces el que había recibido un talento se acercó. "Señor, sé que eres duro, que cosechas donde no has sembrado y recoges donde no has esparcido. Tuve miedo, fui y escondí tu talento en la tierra. Aquí tienes lo que es tuyo"

La respuesta del amo fue pronta y severa: "Siervo malo y holgazán, sabías que cosecho donde no he sembrado y recojo donde no he esparcido. Debiste, por tanto, entregar mi dinero a los banqueros para que, al volver yo, retirase lo mío con intereses"

El amo ordenó que le quitasen el talento al sirviente holgazán y se lo dieran al que tenía diez talentos. "Porque al que no tiene," dijo el señor, "aun lo que tiene se le quitará. Y a ese criado inútil echadlo a las tinieblas de afuera, allí será el llanto y el crujir de dientes"

La mencionada parábola tiene un significado ético para comprender la responsabilidad humana en la libertad económica, como se puede ver a continuación:

En primer lugar, la palabra "talento" en esta parábola tiene dos significados. Por una parte era la unidad monetaria más grande en ese tiempo. Se dice que un talento era el equivalente a quince años de sueldo de un obrero común, de lo que se deduce que la cantidad dada a cada sirviente fue considerable. Por otra parte, comprendemos que los talentos son los diversos dones dados por Dios para nuestro uso, tales como nuestros recursos, salud, habilidades naturales, educación, propiedades, oportunidades y dinero.

De todo ello, una primera conclusión de esta parábola es que no es inmoral obtener ganancias de nuestros recursos, trabajo y astucia. La alternativa a la ganancia es la pérdida, y seguramente la pérdida de riqueza - especialmente cuando se debe a una falta de iniciativa - no constituye una buena acción cristiana.

Por estar sujeto a la dependencia de la voluntad de alguien superior (como la idolatría al Estado) en este caso la falta de iniciativa individual se presenta como contraria a la naturaleza humana y, sobre todo, el capital debía ganar una tasa razonable de retorno. En este sentido, el tiempo es dinero o interés.

Por otra parte, la parábola también contiene una lección crítica sobre cómo debemos utilizar las capacidades y los recursos que nos ha dado Dios. Como hemos mencionado, en el libro de Génesis, Dios le dio a Adán la Tierra, con la cuál podía mezclar su trabajo para su uso. En la parábola, de manera similar, el amo espera que los sirvientes busquen una ganancia material. En lugar de preservar pasivamente lo que han recibido, se espera de ellos que inviertan el dinero. El amo se enojó ante la timidez del sirviente que recibió un talento.

Dios nos ordena que usemos nuestros talentos para fines productivos. La parábola enfatiza la necesidad del trabajo y la creatividad en contraposición a la holgazanería o dependencia y sumisión a otro para conseguir lo que se quiere.

Cabe resaltar como la parábola demuestra lo incorrecto de intentar construir instituciones para obtener la seguridad perfecta, como lo hiciera el sirviente fracasado. Tales esfuerzos se pueden identificar desde los estados de bienestar greco-romanos hasta el totalitarismo soviético. Pero en la Parábola de los Talentos, la valentía frente a un futuro incierto es remunerada al primer sirviente, quien recibió la mayor cantidad de dinero. El negoció con los cinco talentos, y al hacerlo, obtuvo cinco más.

A pesar de que más seguro hubiese sido para el sirviente invertir el dinero en el banco y recibir intereses, su fe en el amo le permitió quedarse con lo que se le confió en un principio y con la ganancia.

Además, el amo le invitó a regocijarse con él. Esto implica que tenemos la obligación moral de enfrentar la incertidumbre en forma emprendedora. Nadie hace esto mejor que el empresario. Mucho antes de saber si percibirá una recompensa por sus inversiones o ideas, él arriesga su tiempo y propiedad. Debe pagar salarios mucho antes de tener noción de si ganará algo en el futuro con exactitud.

El empresario al que nos invita a ser esta parábola ve hacia el futuro con valentía y con sentido de oportunidad. Al crear nuevas empresas, descubre alternativas dentro de las cuales los trabajadores pueden escoger, ganando un salario y desarrollando destrezas. Por lo tanto, el sirviente holgazán pudo evitar su lúgubre suerte si hubiese sido más emprendedor. Si hubiese hecho un esfuerzo por comerciar con el dinero de su amo y regresado con menos de un talento, no hubiera merecido un trato tan severo, porque habría trabajado a favor de su amo.

De esta manera ser empresario es una vocación enmarcada en la habilidad para tener éxito en los negocios, el intercambio de acciones y bonos o la banca de inversión. Al igual que otros dones, no debe desperdiciarse sino que debe ser explotado al máximo para gloria de Dios. La naturaleza fundamental de la vocación empresarial es el enfocarse en las necesidades de los clientes. Para tener éxito, el empresario debe servir a otros.

Otro elemento que podemos encontrar acá es que las diferencias económicas entre las personas no son inherentemente injustas debido a que, en la Parábola de los Talentos, Jesús manifiesta cómo el amo confía el dinero a cada uno de sus sirvientes según sus habilidades respectivas y así, el que recibe menos no es objeto de la compasión del amo por su falta de recursos en comparación con lo que recibieron sus colegas. Por lo tanto, los talentos individuales y las materias primas que cada uno tenemos no son inherentemente injustos porque siempre existirán desigualdades entre las personas.

Un último comentario a deducir de esta parábola es que la ganancia de una persona no es a expensas de otra. La exitosa comercialización del primer sirviente no interfiere con los prospectos del tercer criado. Esto es verdad también en la economía de hoy, por lo que sí es posible que el éxito de los ricos hoy día no se genere a expensas de los pobres.

Cabe mencionar lo que dice el Evangelista Mateo sobre solidaridad e insolidaridad: "tuve hambre, y me disteis de comer; tuve sed, y me disteis de beber; fui forastero, y me recogisteis; estuve desnudo, y me cubristeis; enfermo, y me visitasteis; en la cárcel, y vinisteis a mí". Viene luego de la parábola de los talentos sobre buenas y malas inversiones que hemos mencionado, y ello puede ser obvio porque la solidaridad ha de seguir a la productividad. Sin producción no hay riqueza o ¿de dónde va a salir el dinero para la solidaridad? Por otra parte, la caridad no es la única forma de ser solidarios. Quien invierte produce muchos bienes y servicios para el mercado, y crea muchos empleos que pudieran entrar en la definición de solidario porque los fabricantes de ropa y calzado visten al desnudo, los productores de alimentos dan de comer al hambriento y las cadenas hoteleras dan alojamiento a los viajeros, todo sin exigir sumisión sino acuerdos.

Así se entiende una naturaleza humana para la producción, y ello se logra con la inversión. Sin embargo también se deduce que toda inversión tiene un riesgo, porque se puede ganar o perder, pero es necesario arriesgarse porque forma parte de nuestra naturaleza humana.

Esto conduce a que los recursos poseídos se utilicen para la producción, porque al fin al cabo al producir creamos y la creación es obra de Dios, de quien somos imagen y semejanza la manera de hacerlo es por medio del trabajo.

Pablo VI (1971) desglosa el asunto de la inversión de la siguiente manera: "Con el crecimiento demográfico, sobre todo en las naciones jóvenes, el número de quienes no llegan a encontrar trabajo y se ven reducidos a la miseria o al parasitismo irá aumentando en los próximos años, a no ser que un estremecimiento de la conciencia humana provoque un movimiento general de solidaridad por una política eficaz de inversiones, de organización de la producción y de los mercados, así como de la formación adecuada" donde incita a la inversión como parte de una política paliativa y fortalecedora en la organización de la producción, y los mercados como estructuras donde se desarrolla la producción y de modo colateral coadyuve a suscitar puestos de trabajo, reducir la miseria.

Carácter personal y éxito empresarial

Todo lo anterior guarda relación con esutidos como el de The Economics of Entrepreneurship. Foundation Economic Education, de donde podemos deducir los siguientes juicios a partir de la pregunta sobre cuáles son las conexiones entre ser emprendedor, la naturaleza personal y la sociedad civil:

El carácter personal fuerte es esencial para el éxito empresarial a largo plazo. Virtudes desarrolladas por la virtud de la valentía, tales como el deseo de tener más, la integridad, el coraje, la productividad y la racionalidad se traducen en éxitos en el mundo de los negocios. Una sociedad libre es imposible sin un carácter fuerte. El espíritu empresarial exige y refuerza un fuerte carácter personal. Los empresarios exitosos deben tener ciertos rasgos, como la creatividad, la perseverancia y la ambición. Cuando se aplican a una empresa comercial estos rasgos conducen al éxito, pero cuando se aplican a la vida en general puede conducir a una vida virtuosa llena de valentía. Esto no quiere decir que todos los empresarios sean personas virtuosas o que todas las personas virtuosas sean empresarios exitosos, pero si existe conexión entre los rasgos de uno y otro y esta conexión la observamos en la virtud de la valentía, la cual origina el siguiente círculo virtuoso:

Figura 3

Círculo virtuoso de la valentía en la economía

Cuadro 10

Virtud de la valentía en la economía

Definición desde el punto de vista económico	Forma de ser fomentada por el Estado
Asegura en las dificultades la firmeza y la constancia en la búsqueda del bien	Un gobierno fuerte no sustituye el rol de los ciudadanos, sino que les garantiza leyes de juego claras, seguras y justas
	Un Estado moderno es fuerte en la medida en que logra hacer respetar internacionalmente los derechos de propiedad, los contratos, las patentes, los inventos, el honor y, por supuesto, la vida de cada uno de sus ciudadanos.

Fuente: Elaboración propia

Cuadro 11

Virtud de la valentía en la enseñanza de la economía

Disposición habitual y firme	Acciones concretas con las que hace el bien
En ella el ciudadano es veraz, razonable, informado, laborioso, paciente, perseverante, justo, generoso, fuerte espiritualmente, responsable, respetuoso, estudioso, sincero, sobrio, ordenado, leal, obediente, prudente, confía en los demás, incluso es audaz, alegre en la esperanza aun cuando campee la tristeza, pero es humilde, sencillo, pudoroso, manso, piadoso, sociable, buen amigo, comprensivo e incluso patriota	Inversiones y emprendimiento con capacidad de asumir riesgos
Vencer el temor y hacer frente a las pruebas y a las persecuciones	

Fuente: Elaboración propia

Templanza, control de la voluntad e intercambio económico

La virtud de la templanza tienes las siguientes características: modera la atracción de los placeres; asegura el dominio de la voluntad sobre los instintos; mantiene los deseos en los límites de la honestidad, del respeto al otro y del encuentro cordial con el otro; orienta hacia el bien sus apetitos sensibles, consiste en moderar la atracción de los instintos y busca el equilibrio en el uso de los bienes y deseos. La persona moderada orienta hacia el bien sus apetitos sensibles, guarda una sana discreción y no se deja arrastrar.

Esta relación con los instintos muestra que: "Lo que distingue la acción impulsiva de las demás es que en estas últimas el sujeto contrasta más serenamente tanto el costo como el fruto obtenido" (Mises, 1948/2010, p.42). Además en torno a los instintos señala lo siguiente: 1) la emoción perturba las valoraciones del actor, 2) los medios usados por la persona para satisfacerlos son fruto de consideraciones racionales que por un lado ponderan el costo y por el otro el resultado alcanzado, 3) Una acción impulsiva se distingue de las demás por contrastar más serenamente tanto el costo como el fruto obtenido, y 4) la emoción perturba las valoraciones del actor.

De la revisión de la templanza y su relación con los instintos podemos observar que, cuando los recursos son escasos, los individuos realizan acciones que pretenden sustituir un estado menos satisfactorio por otro mejor, por lo que el que está plenamente satisfecho no tendrá motivo para actuar. Pero la acción busca alcanzar objetivos o fines, para lo cual se utilizan medios que no aparecen a simple vista porque en el mundo solo hay cosas.

Estas cosas pudieran ser identificadas como medios para satisfacer necesidades, pero para que exista acción no es suficiente con la existencia de alguna necesidad y la posibilidad de una situación mejor, sino que también hace falta el control de la voluntad que permita la conducta capaz de dirigirlos a obtener el fin buscado, el cual es desarrollado con la templanza. El control de la voluntad exalta la dignidad del ser humano, que requiere una actuación según una elección consciente y libre, es decir, movido e inducido personalmente desde adentro.

El elemento de la voluntad es fundamental en la pedagogía de Kant, como medio para el desarrollo de la libertad, controlando el impulso tendiente a agredir a otro. La pérdida de la voluntad, en términos de la relación esencial vital con el misterio, conduce a ejercer la idolatría a lo que sea, pierde cualquier tipo de iniciativa y se somete a lo que diga aquello a lo que se idolatra, perdiendo "el poder, radicado en la razón y en la voluntad, de obrar o de no obrar, de hacer esto o aquello, de ejecutar así por sí mismo acciones deliberadas y de disponer de sí mismo. De allí que la importancia de la relación esencial con el misterio, enmarcada en que "sólo una esperanza fiable puede ser el alma de la educación" (Benedicto XVI, 2008), para identificar plenamente lo real. Desde el punto de vista económico el Papa Benedicto XVI menciona al marxismo como un mito al considerar que "estaban equivocados esos milenarismos fáciles, que prometían inmediatamente, como consecuencia de la revolución, las condiciones completas de una vida justa" (Benedicto XVI, 2007a).

En consecuencia, el progreso es la superación de todas las dependencias. Es progreso hacia la libertad perfecta (*Spe Salvi*, N° 18), basado en el dominio de sí mismo, que no entrega su voluntad más que a sí mismo y por ello se realiza al generar los recursos que le permiten satisfacer sus necesidades.

Cuadro 12

Virtud de la Templanza en la Economía

Definición desde el punto de vista económico	Forma de ser fomentada por el Estado
Asegura el dominio de la voluntad sobre los instintos y mantiene los deseos en los límites de la honestidad	Establecimiento de un orden legal. Sin reglas, sin orden legal, no hay libertad
	el Estado templado no desperdicia esfuerzos
	El deseo de los ciudadanos por progresar y tener éxito no se detienen por la burocracia y el exceso de las regulaciones
	Hace que el desarrollo que gozan ahora las generaciones actuales no comprometa el de las generaciones futuras
	Preserva también los bienes que atañen a éste y preserva por tanto las oportunidades de cada hombre de enseñorearse mejor de lo que es suyo

Fuente: Elaboración propia

Cuadro 13

Virtud de la templanza en la enseñanza de la economía

Disposición habitual y firme	Acciones concretas con l as que hace el bien
Asume el dominio de sus impulsos para alcanzar lo que más le conviene	Respeto del derecho de propiedad y de su propia naturaleza por medio del desarrollo de la libertad negativa
Balancea su presupuesto, es decir, que no superen sus egresos a los ingresos. No gasta ni empeña lo que no tiene, ni gasta ni se apropia de lo que no es suyo	Ahorro por medio de la moderación
Valora más las ganancias que las pérdidas	Valoración de los recursos poseídos y contribución a la superación de la envidia

Fuente: Elaboración propia

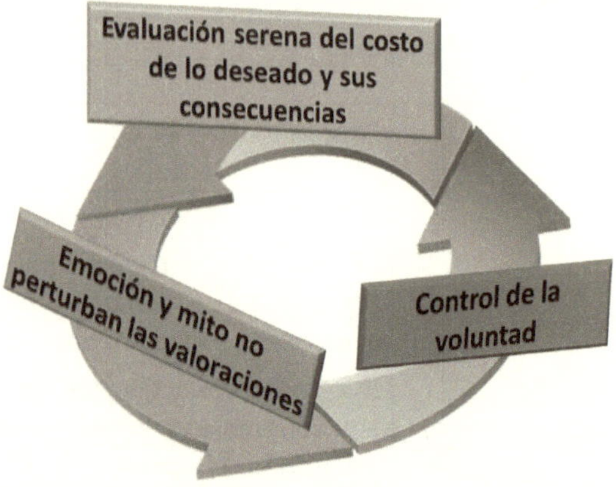

Algunos respaldos de los conceptos del Capítulo 3

Concepto	Respaldo
Virtudes cardinales y teologales	Catecismo de la Iglesia Católica (2004)
Crecimiento moral humano planteado por Benedicto XVI	Discurso a la Diócesis de Roma con motivo de la entrega de la "Carta sobre la tarea urgente de la educación (2008d)
La violencia según Weber	Weber (1919/2010) Monopolio de la Violencia
Virtud de la prudencia, justicia, valentía, templanza	Catecismo de la Iglesia Católica (1997) N° 1896, 1807, 1808, 1809
Tipos de universales	Ajdukiewicz (1994). Introducción a la filosofía
Construcción de la persona (individual) a partir de relaciones esenciales vitales con el mundo	Buber, M (1942/1967). ¿Qué es el hombre?
Crisis de la modernidad planteada por Benedicto XVI	Discurso del Papa Benedicto XVI a los Participantes en el Encuentro Europeo de Profesores Universitarios
Praxeología	Mises (1945/2010) Acción Humana
Saberes necesarios para la educación del futuro	Morín (1999). 7 Saberes para la Educación del Futuro

Características de los derechos	Benedicto XVI (2008) Encuentro con los Miembros de la Asamblea General de las Naciones Unidas del año
Los derechos mencionados por Bastiat	Bastiat (1850/2015). La Ley
La función social de la propiedad	Juan Pablo II (1991). Centesimus Annus, N° 41 Mises (1922/2003). El Socialismo. Primera parte. Capítulo I. Punto 5
Elementos que se fusionan en el socialismo	Mises (1922/2003). El Socialismo. Capítulo XVII
Reflexión de Benedicto XVI sobre la parábola de los talentos es tomada de la referencia del año 2008i.	Benedicto XVI (2008i) Angelus
El carácter de acuerdo a Foundation Economic Education	Brashear, M. Clohessy, R. Riddle, J y Smith W. (2015). The Economics of Entrepreneurship.
Antropología kantiana	Kant, I. (1798/1991). Antropología en sentido pragmático

Capítulo IV

Cuestión del sentido: la libertad se consigue al educar el carácter que busca la belleza

Consideramos la importancia de enseñar a la libertad como resultado de la unidad de la naturaleza y con ser humano. Desde la óptica educativa, la libertad emerge a partir del reconocimiento de unidad entre las diversas partes de la realidad educativa, teniendo como claros referentes el ser humano, su carácter y toda su existencia. De lo anterior se deduce la importancia del educador para la construcción del ser del estudiante y para liberar su potencial interno - que no se precisa como ser concluido – y por ello, la educación se fundamenta en la formación de relaciones determinadas por la confianza, consecuencia del compromiso, respeto y responsabilidad del profesor con el estudiante.

Como consecuencia, se percibe el tomar en cuenta la pedagogía de Kant para considerar que los primeros esfuerzos de la educación moral son para fundar un carácter, y por carácter se puede entender a la disposición de la voluntad por la que una persona se ciñe a ciertos principios que mantiene permanentemente ante si por razones propias.

Siguiendo con los aportes de Kant, vemos necesario observar referencias a una voluntad conducente a la libertad y a la manera de pensar. La primera consiste en pensar por uno mismo; la segunda en pensar colocándose en el lugar de otro y la tercera en la necesidad del modo de pensar coherente; porque el pensar por sí mismo adquiere coherencia cuando se toma en cuenta el encuentro del pensamiento con el otro.

Con lo anterior, la emergencia educativa adquiere un estado de alerta en los peligros de la absolutización del yo, del yo que quiere serlo todo y tomarlo todo para sí; el yo absoluto que no depende de nada ni de nadie, como lo contrario a la libertad.

Sin embargo, desde la visión del Papa, se es libre cuando la persona toma conciencia de ser un ser relacional, tal como se presenta en la siguiente cita:

> No hay libertad contra el otro. Si yo me absolutizo, me convierto en enemigo del otro; ya no podemos convivir y toda la vida se transforma en crueldad, en fracaso. Sólo una libertad compartida es una libertad humana; sólo estando juntos podemos entrar en la sinfonía de la libertad. (Benedicto XVI, 2009b, N° 7)

Es así como encontramos la base de cualquier emprendimiento económico sostenible aceptando y conociendo la necesidad del otro, respetando su libertad, insertándose en la red de dependencias que nos convierte en humanos. Por consiguiente, un emprendedor que entiende la libertad de quienes busca servir, reconoce la soberanía del consumidor en función de ella y el poder de los consumidores en mercados libres, quienes deciden a través de sus compras qué bienes y servicios adquirir y por ello - entrando en una relación esencial vital del productor con el consumidor - es que las empresas deciden qué producir.

Sin embargo, esta soberanía del consumidor nos lleva a pensar en las preguntas de Benedicto XVI (2009b) en cuanto a ¿cuál es la medida de compartir la libertad? ¿Y cómo podemos encontrar este orden justo, en el que nadie sea oprimido, sino que cada uno pueda dar su propia contribución para formar esta especie de concierto de las libertades? O dicho de otra manera, ¿cuál es la medida de compartir el libre mercado entre consumidores y productores? ¿Cómo podemos encontrar un orden justo, en el que ni consumidores ni productores sean oprimidos, sino que cada uno pueda dar su propia contribución para formar esta especie de concierto de libertades?

De acuerdo al documento mencionado de Benedicto XVI (2009b), esas respuestas solo se encuentran al identificar la naturaleza humana, por lo que no puede existir una enseñanza de la economía sin una concepción antropológica que englobe a la totalidad del ser humano.

Luego de haber presentado en el Capítulo I la concepción antropológica que hemos interpretado, debemos seguir ahondando en elementos de la libertad que nos permitan deducirla. Para ello, en primer lugar mostramos lo que hemos denominado como posibles culturas a generarse de acuerdo a las instituciones de la actividad económica.

Cultura liberal, relativista, asistencialista y de luchas de clases

Para el avance de la libertad, tomamos la formación del carácter en cuanto a hacerse uno mismo; el encuentro con el otro y el ofrecer cosas útiles a otros. Esto nos da un ambiente cultural, el cual reiteramos que para esta investigación consiste en:

> todo aquello con lo que el hombre afina y desarrolla sus innumerables cualidades espirituales y corporales; procura someter el mismo orbe terrestre con su conocimiento y trabajo; hace más humana la vida social, tanto en la familia como en toda la sociedad civil, mediante el progreso de las costumbres e instituciones; finalmente, a través del tiempo expresa, comunica y conserva en sus obras grandes experiencias espirituales y aspiraciones para que sirvan de provecho a muchos, e incluso a todo el género humano (Gaudium et Spes en Juan Pablo II: 1990, pie de página N° 16)

De esta manera, su relación esencial vital consigo mismo consistirá en desarrollar y afinar sus innumerables cualidades a partir del encuentro con el otro, esto lo hará con una relación esencial vital con el mundo creando cosas con su conocimiento y trabajo para llegar a una relación esencial vital con el otro expresando sus experiencias y creaciones útiles.

Así, el avance de la cultura liberal consistirá en las siguientes relaciones esenciales vitales: Primero, consigo mismo para desarrollar innumerables cualidades haciéndose a sí misma siempre que desarrolle la relación esencial vital con las personas que le rodean, identificándose con ellas. Segundo, una relación esencial vital con el mundo creando cosas con su conocimiento y trabajo. Por último, una relación esencial vital con el otro expresando sus experiencia y ofreciendo cosas útiles a las familias y la sociedad civil, fortaleciendo las instituciones y costumbres que hagan posible esa capacidad creadora en cada persona por medio del respeto irrestricto del proyecto de vida de cada persona (el cual se respeta siempre y cuando no irrespete el de nadie) para de esta manera expresar experiencias provechosas al género humano.

Por otra parte, si la persona se hace a sí misma sin una relación esencial vital con el otro, no le importará ofrecer cosas útiles a los demás sino que solo se servirá a sí misma utilizando a cada persona como un medio y ello absolutizaría al yo, dando un marco propicio para el relativismo, evitando la convivencia y generando crueldad y fracaso. De allí la necesidad de trascendencia como alternativa a la absolutización del yo, porque los juicios de trascendencia difieren de los limitados en que aquéllos aspiran a ponderar circunstancias que no dependen del criterio único del individuo, aunque la diversidad de la personalidad perjudique la existencia de acuerdos unánimes, el anhelo de trascendencia por lo menos da una apertura a la búsqueda de criterios que vayan más allá de lo que la persona individualmente pudiera considerar como verdad. Ello es una primera condición para tener un encuentro con el otro: una posición dialógica base de la convivencia y de baluarte de la capacidad de asombro porque esa búsqueda mantiene un estado de alerta para descubrir lo que está fuera de sí, tal como lo hace un empresario al estar atento de la combinación de recursos que están fuera de él, para transformarlos y satisfacer necesidades que también identificó en otros, fuera de su propio yo.

Por otra parte, si el encuentro con el otro se da sin el carácter de una persona que se hace a sí misma, entonces se genera una gran dependencia considerada asistencialista, donde no se procura satisfacer las necesidades con recursos propios sino exigiendo propiedades de los demás.

Por último, si se quiere ofrecer o demandar cosas útiles pero sin encontrarse con el otro, se estaría en presencia de una lucha de clases, porque se ofrecen a las personas cosas que no desean y no se confiaría en la libre iniciativa. Al no haber encuentro con el otro, el desarrollo de las cualidades estará sumergido en polilogismos o conflictos entre ricos y pobres, libres y esclavos, plebe y patricios, siervos y feudales, proletariado y burguesía.

De Kant (1803/2010) podemos deducir que una manera de evitar esos polilogismos sería al fomentar en el niño tres elementos en relación con la humildad. Primero, lo "absurdo de asentar la humildad en apreciarse menos que los demás" (p. 25). Segundo, no promover "la envidia de un niño, haciendo que se estime por el valor de los otros" sino fomentar la humildad comparando su valor con la perfección" (p.25); este elemento trae como consecuencia el "ahogar todo orgullo fundado en la superioridad de la fortuna". Por último, "crear la franqueza en los niños, que consiste en una discreta confianza en sí mismo" (p.25).

De allí podemos construir una humildad consistente en no comparar las virtudes propias con las de los demás sino consigo mismo, de tal manera de no creerse ni más ni menos que los demás para generar confianza en sí mismo y así reconocer a todos como iguales.

Quienes no se encuentran con el otro(s), pero se hacen a sí misma y no les interesa ofrecer cosas útiles generan una cultura relativista encerradas en su propio yo. Quien solo quiere un encuentro con el otro, pero no se hace a si misma porque depende de los demás pero demanda cosas útiles, ocasiona cultura asistencialista. Por último, donde las personas no se encuentran con los otros, no se hacen a sí mismas pero quieren ofrecer - y sobre todo demandar cosas útiles - generan luchas de clases, porque sólo querer cosas útiles no es suficiente. Es necesario la confianza de encontrarse con el otro para obtener las ventajas de la cooperación social.

Así, consideramos que la cultura liberal se genera cuando la persona se encuentra con otro(s), se hacen a sí misma y ofrecen cosas útiles que generan la cultura liberal. La relativista se da cuando las personas solo se hace así misma sin encontrarse con otros y sin ofrecer cosas útiles. Por otra parte, la cultura asistencialista consideramos que se da cuando la persona solo busca encontrarse con el otro sin hacerse así misma y sin ofrecer cosas útiles, pero teniendo encuentros que solo demanden cosas de los demás.

Por último consideramos que la cultura de lucha de clases se dad cuando la persona quiere ofrecer y demandar cosas útiles pero no se hace así misma ni le importa tener un encuentro con el otro, dando una contradicción al querer algo sin tener como centro el encuentro o la conciliación sino el conflicto.

Lo expuesto podemos resumirlo en el siguiente cuadro:

Cuadro 14

Cultura de acuerdo a las relaciones esenciales vitales

Fuente: Elaboración propia

El cuadro anterior tiene a la producción o demanda de cosas útiles como una variable fundamental, por ser ésta la base de la economía. En medio de esto, consideramos la formación del carácter a partir del encuentro con el otro como el primer paso para la base del desarrollo de una economía sana y coherente. De lo contrario, se garantiza una economía llena de leyes por medio de regulaciones, la cual no conduce al accionar de la propia persona, como se presenta en la evidencia del Índice de Libertad Económica publicado por el Fraser Institute (2018) donde los países con mayores regulaciones o leyes económicas - donde el Estado no deja a las personas pensar por sí mismas en términos económicos sino que quienes gobiernan el Estado deciden qué se debe producir, cómo se debe producir, a qué precio se debe vender, cómo se debe contratar a las personas, entre otras - son los países con el menor grado de estado de derecho y bajos niveles de producción, como es el caso de Venezuela, Zimbabue, Siria o Yemen.

De allí surge el gran desafío en la educación económica de generar y conocer ese carácter que permite a las personas cooperar de manera voluntaria para el progreso de todos, que se logra cuando confiamos en que las personas piensen por ellas mismas. Considerando que el exceso de regulaciones tales como altos niveles de aranceles, barreras comerciales no arancelarias, costos de los trámites económicos, el tipo de cambio regulado, restricciones a la propiedad, la propiedad de las empresas, control del tipo de interés, reglamentos de salarios mínimos y permanencia laboral para despedir o contratar, requerimientos administrativos, el tiempo para arrancar un negocio, pagos extras o sobornos, el costo del incumplimiento fiscal, el establecimiento de precios regulados, entre otros, demuestra una desconfianza acerca del pensar coherente de quienes producen en una economía y, como hemos mencionado, los países que principalmente tiene esas regulaciones desarrollan el peor comportamiento económico.

Al considerar la desconfianza en el exceso de regulaciones hacia quienes producen, de acuerdo a Benedicto XVI (2008c) podemos encontrar ahí "la raíz de la crisis de la educación" porque ésta consiste en "una crisis de confianza en la vida" (Benedicto XVI 2008c, N° 9). De allí la necesidad de una educación conducente a la confianza en los ejercicios económicos que - muy por el contrario - algunas veces es percibido como situaciones donde gana el que le quita al otro.

Una de las primeras causas de esta lucha de clases está en la carencia de conocimiento acerca de la naturaleza de la razón. Acá respaldamos la idea de la razón iniciada por René Descartes que mencionamos en los capítulos anteriores; donde se sostiene a la razón como igual a todas las personas; por lo que todos podemos llegar a la verdad

Con se señaló, lo contrario genera polilogismos, los cuales producen desconfianzas entre clases sociales, tal como se explicó en el capítulo dedicado a la epistemología.

Es difícil conseguir una respuesta a la pregunta planteada acorde con la naturaleza de la razón. En el Siglo XV, San Bernardino de Siena había advertido esto al argumentar la no pertenencia de la bondad o la maldad exclusivamente en alguna clase social, tal como se puede apreciar en la siguiente cita:

> El comercio puede practicarse lícita o ilícitamente. Toda vocación, incluida la llamada al episcopado, proporciona ocasiones de pecado; no se limitan éstas, pues, a las que ofrece el mercado (Rothbard, 1995, p. 114).

De este pensamiento se desprende que la bondad o maldad son acciones diferentes en cada persona, pero ejecutadas desde la razón idéntica en todos los seres humanos. Lo anterior obtiene garantía de acuerdo a Kant al considerar que intrínsecamente la naturaleza humana no es ni buena ni mala, pues por naturaleza no es un ser moral; pero el hombre se convierte en ser moral:

> ...cuando eleve su razón a los conceptos del deber y de la ley. Entretanto, se puede decir que tiene en sí impulsos originarios para todos los vicios, pues tiene inclinaciones e instintos que le mueven a un lado, mientras que la razón le empuja al contrario. Sólo por la virtud puede devenir moralmente bueno (Kant: 1803, p. 26).

De allí que la naturaleza de la razón contiene esa capacidad de elevarse hacia la búsqueda del bien y la ley natural, y ese elevarse requiere de un esfuerzo y un hecho educativo que lleve la razón a desarrollar su capacidad. Identificar ello genera confianza en las personas, tal como lo manifiesta Descartes al considerar las diferencias de las personas por tener información distinta y no porque la naturaleza de su razón lo obliga a su diferencia; o como diría Mises en su obra Acción Humana acerca de que las profundas discrepancias que los estudios históricos registran no tienen su causa en que sea diferente la lógica de los respectivos expositores, sino en disconformidades surgidas en el seno de las ciencias. Considerar esto puede ayudar a la confianza en el otro, por dar la seguridad que el argumento y la disponibilidad siempre pueden conllevar a acuerdos en medio de las diferencias.

Desde esta perspectiva podemos deducir una diferencia entre la naturaleza humana y la personalidad, donde la primera es idéntica en toda persona, pero la segunda varía. Sin embargo, acá vuelve a cobrar sentido la formación del carácter, por percibirlo en esta investigación como el nexo entre la naturaleza de la razón y la personalidad.

Por el contrario, al no haber confianza, se cumplen premisas presentes en *El perfecto idiota latinoamericano*, que de acuerdo a Apuleyo, Montaner y Vargas Llosa, este cree en la existencia de ricos sólo porque hay pobres. Además, el idiota también cree que la historia es una lucha entre buenos y malos, donde los buenos siempre pierden. Sin embargo, lo anterior obedece a un carácter formado fuera de la lógica del intercambio y los derechos de propiedad, como bien lo describió Ayaú en su libro *Un juego que no suma cero*, donde se establece cómo la humanidad progresa cuando nadie frena a otro a disponer libre y pacíficamente de sus posesiones legítimas.

Por ello la defensa del derecho de propiedad se considera la base para la confianza. Las consecuencias al irrespeto a la propiedad por parte de los gobiernos o cualquier otro ente generan debilitamiento de la confianza en las instituciones y esto lleva a desinversión y a huida de capitales. Por el contrario, cuando hay confianza, la gente invierte sus propiedades, las intercambia, hace negocios, planes y consume, por la seguridad que se tiene en la rectitud a la que los demás tienen incentivos debido al marco institucional.

Cuando no se tiene confianza en las decisiones individuales de las personas, se da espacio para la planificación central caracterizada por algunas personas que diseñan, administran o regulan ciertas decisiones económicas para muchas otras. Es así como en algunas sociedades, el gobierno intenta tomar decisiones económicas complicadas basadas en la voluntad colectiva de las personas. Por el contrario, en un mercado libre, la confianza en las decisiones individuales donde cada persona formula sus planes para sí misma es fundamental para el desarrollo de la sociedad. Al existir confianza no hay un plan o diseño porque todas las decisiones económicas son personales y voluntarias. Pero esto no significa que las personas puedan hacer todo lo que quieran: el gran aporte de la economía a la libertad es que ésta genera progreso cuando cada persona respeta la libertad del otro y respeta su propiedad privada.

Ello lleva a una enseñanza de la economía observando la educación del carácter de manera antropológica, pues se hace necesaria la educación económica, y de cualquier índole, a partir de una concepción de hombre en relación con su libertad y cómo ésta genera progreso cuando se respeta la propiedad. Sostenemos que la falta de principios firmes está en la ausencia de carácter para asumir el anhelo de producir por sí mismo a la vez que se respeta la propiedad del otro, para evitar la violencia y sin asistencialismo, como medio para pensar coherentemente. De allí que, para el ámbito económico, lo importante en la formación del carácter es la continuidad y la firmeza para asumir la vida, la cual se refleja en las responsabilidades personales, familiares, morales, sociales, políticas y económicas.

En consecuencia, considerando que para Kant el carácter forma parte de la moralización siempre que sea una de las finalidades de la educación para libertad porque:

> La educación moral es aquella que modela al hombre para que pueda vivir como un ser libre; es la educación de la personalidad, la educación de un ser libre capaz de sustentarse por sí mismo y de ser miembro de una sociedad, sin perder el sentido de su propio valor como persona. (Kant 1803/2010, p. 30).

Acá vuelve a relucir la concepción de libertad aportada desde el saber económico, porque si es libre quien se sustenta por sí mismo, es libre quien no busca satisfacer sus necesidades con subsidios, dádivas o cualquier otro asistencialismo sino por medio de su propio esfuerzo, recursos o propiedades. En respaldo de esta idea las encontramos más profundizadas al considerar que el carácter que conduce a una moralidad basado en máximas consiste en individualidad, independencia, confianza en sí mismo, saber pensar por cuenta propia y poder actuar con entera libertad, tomando cada quien sus decisiones.

De este vínculo entre el carácter (formarse a sí mismo), el encuentro con el otro y el ofrecer cosas útiles a los demás, a continuación presentamos reflexiones sobre la cooperación social para el ello.

Educar para la cooperación social

Educar en la cooperación social lo justificamos en la formación de una verdadera persona por medio de un encuentro con el otro, o por medio de una relación esencial vital con otras personas. Ello lo vemos en respaldo cuando Benedicto XVI, en el Discurso a la LXI Asamblea general de la Conferencia Episcopal Italiana, sostiene que el trabajo de la educación está en el yo por el tú y por el nosotros y esto no se limita a una didáctica, ni a transmisión de principios infecundos, sino a encontrar el equilibrio adecuado entre libertad y disciplina.

Esta es la misma lógica presente en la economía denominada "cooperación social" que describe con genio Mises en su tratado sobre la Acción Humana, donde define a la sociedad como una "acción concertada" o "cooperación" entre seres humanos que es "el resultado de un comportamiento consciente e intencionado". Como tal, la sociedad es una "estrategia" ideada conscientemente, "un modo de actuar creado por el hombre" en la guerra contra la escasez. La sociedad es por tanto un producto de la razón y la volición humanas; porque el uso de la razón ha demostrado que, en las personas, los medios más adecuados para la mejora de su bienestar, y/o su condición, son la cooperación social y la división del trabajo; porque estas son la principal herramienta humana en la supervivencia y vida en abundancia.

En consecuencia, el origen de la cooperación social ha de encontrarse en dos hechos fundamentales. El primero es el "fenómeno natural" de que el esfuerzo humano empleado bajo la división del trabajo es más productivo que la misma cantidad de esfuerzo dedicado a la producción aislada. El segundo hecho es que, a través de un ejercicio deliberado de la razón, las personas son capaces de entender este primer hecho y usarlo conscientemente como medio para mejorar su bienestar. Como escribe Mises:

"La sociedad humana es un fenómeno intelectual y espiritual. Es el resultado de una utilización intencionada de una ley universal que determina un resultado cósmico, que es la mayor productividad de la división del trabajo. Igual que en cualquier ejemplo de acción, el reconocimiento de las leyes de la naturaleza pone a estas al servicio de los intentos del hombre por mejorar sus condiciones" (1945/2010, p. 14).

Este es el punto más crucial porque es el principio básico de la economía y desde donde la misma puede aportar de manera antropológica a la integralidad del ser humano. En medio de la escasez, se puede crear o identificar infinidad de oportunidades siempre que se desarrolle el razonamiento y el pensamiento, pues la tarea principal de la razón es ocuparse conscientemente de las limitaciones impuestas al hombre por la naturaleza. O dicho de otra manera, la tarea principal de la razón es luchar contra la escasez. De allí que "el hombre que actúa y piensa es el producto de un universo de escasez" (Mises 1945/2010, pp. 235-236).

Es decir, al establecerse una relación esencial vital entre estudiante y profesor, nace una formación para el uso correcto de la libertad que conduce a una autonomía humana lograda cuando la persona se hace a sí misma a partir del otro. En consecuencia, tal como plantea Benedicto XVI en el discurso a los participantes en la Plenaria de la Congregación para la Educación Católica del año 2011, el educar se convierte en un acto de amor, ejercicio de la caridad intelectual, que requiere responsabilidad, entrega y coherencia de vida; que permite identificar el potencial del educando para que éste lo utilice en el ejercicio de la producción de riqueza. Una evidencia de lo anterior obedece a que la autonomía humana se logra con el diálogo, que solo es posible con la trascendencia que genera confianza en el otro y da una mirada positiva al futuro por el establecimiento de un enriquecimiento económico, humano y espiritual. Una garantía de ello se puede percibir en la pedagogía de Kant al sostener que una de las causas de la prudencia el aprender a no manifestar los sentimientos antes de comprender el carácter de los demás, por lo que el carácter propio se fortalece cuando la impulsividad está dominada por el encuentro con el otro.

En este sentido, Benedicto XVI en el Discurso a la Diócesis de Roma con motivo de la entrega de la "Carta sobre la tarea urgente de la educación plantea como deber educativo la formación para abordar el sufrimiento como parte de la verdad de la vida siempre que no se evite sobreproteger a los más jóvenes de cualquier dificultad y experiencia de dolor, para no correr el riesgo de formar personas frágiles y poco generosas a pesar de las buenas intenciones, pues la capacidad de amar corresponde a la capacidad de sufrir, y de sufrir juntos.

Una vez más, percibimos que la no formación de personas frágiles se basa en una pedagogía consistente en la formación de nuestra capacidad natural para realizarnos como personas con carácter; por lo que a los educadores nos corresponde contribuir a que el hombre alcance su plenitud.

Sin embargo, en todo hecho educativo no hay que perder de cuenta que el protagonista de la formación del carácter es la familia, tal como señala Benedicto XVI en el Encuentro con los jóvenes de Roma y del laico con preparación para la XXI Jornada Mundial de la Juventud; porque la educación de los padres basada en el amor recíproco como primer don que necesitan los hijos para crecer serenos, ganar confianza en sí mismos y en la vida, y para aprender ellos a ser a su vez capaces de amor auténtico y generoso; ayudarles a construir sólidas reglas de vida, que los sostengan en las pruebas futuras; pero en la pura potenciliadad de ser humano, esto no limita la imposibilidad de utilizar otros espacios para eso.

Muestro la observación de que tradicional idea referida a la familia como célula fundamentales de la sociedad conduce a que los valores del hogar son llevados a la empresa, sin embargo, hoy en día observamos como muchas empresas sólidas son instrumentos para llevar los valores de las mismas a las familias.

Por ello una propuesta educativa ayuda a las persona a valorar los deseos positivos y dinamismo por conocer, hacer y comprender que llevan dentro de sí, siempre que estén en contacto con propuestas llenas de humanidad que los impulsen a insertarse en la sociedad como parte activa a través del trabajo, la participación y el compromiso en favor del bien común basado en la confianza que nace del educador.

Por ello, los educadores deben ser testigos de realidades y valores sobre los cuales es posible construir tanto la existencia personal como proyectos de vida comunes. Lo anterior es amenazado por niños y los jóvenes, rodeados de muchas atenciones y protegidos quizá excesivamente contra las dificultades de la vida, porque ello conduce a sentirse abandonado ante las grandes interrogantes de la vida, ante las expectativas y los desafíos que se perfilan el futuro y la tentación entre padres y maestros de renunciar a su tarea y/o no comprender su papel.

Por último, considerando como principio educativo que la persona se convierta en lo que es y que la humanidad se diferencia de la animalidad en el cultivo de las disposiciones como deberes hacia nosotros mismos; la educación tiene razones para ser el cultivo de esas disposiciones en el desarrollo de las habilidades para los talentos en la formación de la prudencia y en del carácter. Por lo tanto, "la misión más importante de la educación moral es establecer el carácter que haga a la persona dueña de si misma

En conclusión, el cultivo del carácter se constituye en el compromiso más importante de todo ser humano, pues es precisamente la determinación que garantiza que las elecciones sean el resultado del uso apropiado de la razón y no del seguimiento de las inclinaciones. De allí que se debe tomar en cuenta al carácter en la economía por ser esta la ciencia de la elección.

Esta idea resalta la importancia del carácter en cuanto a que si el hombre de menores recursos fracasa en la economía, ello poco se debe a su falta de ilustración; porque la educación académica envuelve aprender sólo teorías anteriormente formuladas; eso supone la imitación y rutina. En cambio, pocos innovadores e inventores se forman en las aulas. Son precisamente los creadores y reformadores los que superan lo enseñado por sus maestros.

Triunfar en el mundo de los negocios no se hace con algún título académico porque las grandes escuelas no producen empresarios, por ello no es posible producir empresarios. La persona se hace empresaria al aprovechar oportunidades y llenando vacíos o satisfaciendo necesidades de otras personas. El certero juicio, la previsión y la energía que la función empresarial requiere no se consiguen en las aulas, sino en el carácter que permita producir para las más urgentes demandas.

Virtudes cardinales para la generación de riquezas temporales

De lo expuesto hasta el momento, llegamos a la conclusión de que **la economía es el desarrollo de las virtudes cardinales para la generación de riquezas temporales.** Esto no niega la presencia de las virtudes teologales para la generación de riqueza. Por el contrario, la perfecciona, pero considerando que las virtudes teologales vienen de la gracia divina, tal como se ha manifestado desde Santo Tomás de Aquino y actualizado por Benedicto XVI, en una Audiencia General del año 2010, al sostener que la gracia de Dios - la cual no puede ser juzgada por quien no la desarrolle - actúa sobre la naturaleza humana. Esto lleva a ubicar a la generación de riquezas temporales en el área de la naturaleza humana, y por lo tanto las virtudes teologales perfeccionan la forma de hacer riqueza, pero no la cambia, ni sugiere como, ni la condena; porque nada que corresponda con las virtudes cardinales es contrario a las virtudes teologales.

El fortalecimiento de la naturaleza humana en relación esencial vital con el mundo es consecuencia de una educación que forma a las nuevas generaciones para que entren en relación con el mundo, apoyadas en una memoria significativa que no es sólo ocasional; un patrimonio interior compartido, y el reconocimiento del fin trascendente de la vida que orienta el pensamiento, los afectos y el juicio. De esta manera, en el ámbito económico se tiene una concepción de aprovechar las oportunidades sin perjudicar al otro.

Otro elemento por conocer es la posibilidad de considerar al bien como una empresa común a la que cada quien está llamado a dar su contribución, por lo que se hace factible la colaboración entre las diferentes disciplinas para aprender unas de otras y que nadie sea excluido de ocuparse del crecimiento propio y del ajeno con base en la amistad fiable, en la verdad que nos hace libre e indicando a las nuevas generaciones el camino que conduce a la vida.

Para ello, de acuerdo a lo dicho por Benedicto XVI en el *Encuentro con los jóvenes de Roma y del laico con preparación para la XXI Jornada Mundial de la Juventud* del año 2006; cada niño, adolescente y joven es capaz de ser artífice de su crecimiento moral, cultural y espiritual, acogiendo libremente la inteligencia y la vida, el patrimonio de verdad, bondad y belleza formado a lo largo de los siglos.

Sin embargo, ello es amenazado por un contexto social y cultural impregnado de relativismo y nihilismo agresivo que considera peligroso hablar de la verdad, ahoga la convivencia y el futuro de la sociedad y hace dudar sobre los valores básicos de la existencia personal y comunitaria.

Libertad cristiana que da sentido a la economía

La libertad en los aspectos bíblicos de la vida económica es interpretada por el Magisterio de la Iglesia conductora de la plenitud cuando existe "Una buena administración de los dones recibidos, incluidos los dones materiales, es una obra de justicia hacia sí mismo y hacia los demás hombres: lo que se recibe ha de ser bien usado, conservado, multiplicado, como enseña la parábola de los talentos" (Compendio de la Doctrina Social de la Iglesia, N° 329).

En cuanto a la libertad en la Moral y Economía, el Compendio de la Doctrina Social de la Iglesia cita de Juan Pablo II lo siguiente: "En la perspectiva del desarrollo integral y solidario, se puede apreciar justamente la valoración moral que la doctrina social hace sobre la economía de mercado, o simplemente economía libre. Por ello Juan Pablo II dice lo siguiente:

> Si por "capitalismo" se entiende un sistema económico que reconoce el papel fundamental y positivo de la empresa, del mercado, de la propiedad privada y de la consiguiente responsabilidad para con los medios productivos, de la libre creatividad humana en el sector de la economía, la respuesta es ciertamente positiva, aunque quizá sería más apropiado hablar de "economía de empresa", "economía de mercado" o simplemente de "economía libre". Pero si por "capitalismo" se entiende un sistema en el cual la libertad, en el ámbito económico, no está encuadrada en un sólido contexto jurídico que la ponga al servicio de la libertad humana integral y la considere como una particular dimensión de la misma, cuyo centro es ético y religioso, entonces la respuesta es absolutamente negativa (Juan Pablo II, Centesimo Annus N° 42)

De este modo queda sugerido un orden social acerca de las condiciones sociales y políticas de la actividad económica: no sólo sus reglas, sino también su calidad moral y su significado. Con todo esto, el Magisterio da valores morales a las personas que se encuentran en un sistema capitalista, siempre que ejerzan su libertad con responsabilidad; porque de esta manera se desarrolla la creatividad humana y la solidaridad.

De esta manera consideramos se desarrollan las virtudes humanas conducentes a elementos como el del filósofo español Ortega y Gasset (1883-1955) quien sostiene, en textos como la *Patología Nacional*, una evolución de los protagonistas sociales que antes se observaban en los guerreros, por obtener del otro lo deseado por medio de la fuerza; hacia quienes son burgueses, por crear con la industria y defenderse con el derecho. Esto nos lleva a la necesidad, entre otras cosas, de aprecio hacia las virtudes del empresario.

Así se percibe a los largo del Compendio de la Doctrina Social de la Iglesia (2004), al observar en ella su búsqueda de "profetas no armados" (N° 496 del Compendio de la Doctrina Social de la Iglesia); para identificar, por ejemplo, más virtudes heroicas en un Bill Gates (1955-), (empresario más rico del mundo) que en un Camilo Torres (1929-1966), (sacerdote que justificó el uso de las armas por acabar con la desigualdad).

Es por ello que la tercera parte del Capítulo VII del Compendio de la Doctrina Social de la Iglesia lo dedica a la iniciativa privada y la empresa, cosa que interpretamos como: dejemos las armas y dediquémonos a las bondades de las empresas que se desarrollan en lo que Juan Pablo II (1991) menciona como "economía de mercado", "economía libre" o "economía de empresas" (N° 42). Razón por la cual, se hace énfasis en la importancia de la libertad económica, debido a que la libertad es considerada como uno de los valores sociales de la Iglesia junto a la verdad y la justicia. Ante ello, el numeral 336 menciona tres características de la libertad económica: 1) derecho a la libre iniciativa, 2) usar los talentos para contribuir a una abundancia para todos y 3) que cada quien recoja los frutos de su esfuerzo económico.

En cuanto al derecho a la libre iniciativa, el N° 343 sostiene que es el empresario quien la desarrolla como expresión de su inteligencia creativa y en respuesta a las necesidades humanas.

En torno a ello, el Compendio de la Doctrina Social de la Iglesia señala que quienes han restringido la libertad económica lo hacen alegando una pretendida igualdad y desconfianza hacia el empresario, pero solo ocasionan la destrucción de la creatividad del ser humano y la violencia de guerreros para sobrevivir ante el irrespeto a la propiedad. De allí se observa un respaldo a pensamientos como el de Pedro Schwartz (1953-) referido a que "no me importa la desigualdad, porque no soy envidioso, me importa la pobreza."; porque cuando sistemas como el socialista se centran en la eliminación de la desigualdad se consigue lo mencionado por Winston Churchill (1940-1965): "prédica de la envida y reparto igualitario de la pobreza" o como ha dicho Henry Hazlitt (1894–1993) acerca del evangelio marxista: "Odia al individuo más exitoso que tú.

Por ello el Compendio de la Doctrina Social de la Iglesia tutela y promueve un desarrollo de la dimensión creativa desde la conciliación, la cual consiste en la aptitud desarrollada generalmente por los empresarios para tres cosas: 1) organizar procesos productivos, 2) programar su duración en el tiempo y 3) asumir riesgos; generándose allí la fuente de la riqueza por medio de un empresario que descubre las potencialidades productivas.

Esto conduce al Compendio de la Doctrina Social de la Iglesia a definir a la empresa como un lugar donde se sirve al bien común de la sociedad produciendo bienes y servicios útiles, con una lógica de eficiencia y satisfaciendo las necesidades de todos los implicados (propietarios, trabajadores y consumidores que obtienen sus productos).

Por esta razón, es importante resaltar las dos funciones de la empresa dentro de la libertad económica: 1) la económica por crear riqueza a propietarios y a todos los involucrados y 2) la social por generar oportunidades de encuentro entre quienes desean desarrollar sus talentos, cooperación con los consumidores que buscan satisfacer sus necesidades y valoración de las capacidades de quienes participan en la empresa.

Por ello, lo dedicado por el Compendio de la Doctrina Social de la Iglesia acerca de la empresa finaliza con la necesidad de asumirla como un bien para todos y no como una estructura a satisfacer intereses solo de algunos, porque de esa manera se obtiene una economía al servicio de la persona y una cooperación real entre los ciudadanos desarrollando la vitalidad y capacidad de anticipar el futuro. En consecuencia, algo por conocer para realizar actividades económicas es nuestra capacidad para enfrentar la incertidumbre. Esto corresponde con uno de los siete saberes necesarios para la educación del futuro planteados por la Organización de las Naciones Unidas. Por medio del trabajo de Morin (1999) en el ámbito económico, conocer esta capacidad humana genera sucesos dependientes de un conocimiento empresarial futuro aún no creado.

De esta manera, la educación debe mantener y desarrollar esa espontaneidad para responder a las necesidades del educando, que al crear no teme generar cosas nuevas.

Ello conduce a una formación antropológica integral que da un vuelco al punto de partida de la cultura hacia la persona y su libertad, un hecho que incentiva la creación del carácter para prepararse para las dificultades y al respeto por la identidad de cada cultura auténtica orientada a la verdad y bien del hombre. Lo anterior se refleja en confianza en la vida, esperanzas fiables y reglas de comportamiento aplicadas día a día hasta en las cosas más pequeñas.

Razón por la cual sólo una esperanza fiable puede ser el alma de la educación - como de toda la vida - para no caer en la desconfianza y la resignación; por lo que en la educación hay la única esperanza humana hacia el progreso

La cuestión del sentido que busca la belleza

La dirección hacia el progreso en relación con la cuestión del sentido último consideramos que nos lleva a la gran necesidad humana de belleza. Esto lo hemos deducido viendo el desarrollo de las dimensiones humanas desde la economía con una concepción de persona conformada por la razón, voluntad y amor, la cual es convertida en inteligencia, voluntad y capacidad de amar por medio de la educación, de acuerdo a lo mencionado por Benedicto XVI en su segunda Encíclica y otras oportunidades. Todo esto amplía el concepto de razón al tener un primer momento en la capacidad humana de descubrir la verdad contingente de las leyes naturales, y se amplía al ser convertida en inteligencia cuando esa capacidad busca la verdad última de las cosas.

Por ese motivo, razonar la economía hacia el fin último de las cosas conduce a la búsqueda de la inteligencia económica. Tomando en cuenta esta ampliación de la razón, la educación es exitosa cuando esa inteligencia, libertad y capacidad de amar conduce irremediablemente a valores fundamentales de la existencia y a un correcto comportamiento reflejado en personas sólidas, capaces de cooperar con los demás y de dar un sentido a su vida.

Sin embargo, estamos ante la presencia de una emergencia educativa causada por un falso concepto de autonomía, escepticismo y relativismo. De ello se desprenden dos problemas: uno antropológico - reflejado en la falsa autonomía - y el otro cultural sostenido por el escepticismo y el relativismo.

Lo anterior conduce a perder la conciencia de la propia identidad - un problema antropológico - y la apertura a la alteridad - un problema cultural. De esta manera se puede entrar en relación con el mundo en una emergencia educativa trayendo como consecuencia dos elementos mencionados por Benedicto XVI en su Segunda Encíclica: el desarrollo técnico para la industrialización y no para la persona o una "destrucción desoladora" por evitar la industrialización tal como propone el marxismo.

De ello se desprende que la razón, la voluntad y el amor, al no tener una educación propia con la naturaleza humana genera algo distinto a la inteligencia, la libertad y la capacidad de amar. En el ámbito económico lo contrario a la inteligencia sería una razón arrogante sin reconocimiento de límites, y por ello se cree que todo lo puede calcular, medir y controlar. Esta es base para los sistemas económicos de planificación centralizada.

Lo contrario a la libertad sería el totalitarismo basado en un desarrollo de la voluntad sin respetar el proyecto de vida del otro, sus propiedades y su propia libertad. Y lo contrario a la capacidad de amar sería la necesidad de ser constantemente amado o atendido, de donde se deduce la cultura asistencialista que requiere que se le provean de bienes y servicios sin dar un aporte en el sostenimiento de la cooperación social.

Es así como la razón que conduce a la inteligencia al reconocer sus límites se basa en la pregunta ¿qué puedo conocer? Y ello genera una relación esencial vital entre la persona y el mundo.

La voluntad basada en el respeto al otro lleva a la libertad y se fundamenta en la pregunta ¿qué debo hacer? Ello genera una relación esencial vital con la otra persona y con los grupos. Y el amor bien desarrollado conducente a la capacidad de amar puede cimentarse en la pregunta ¿qué me cabe esperar? genera una relación esencial vital con el misterio.

Por el contrario, si se desarrolla solo la razón sin tener en cuenta la voluntad y la capacidad de amar se cae en una arrogancia que quiere controlar todo, y se justifica la protección por encima de la libertad, tal como ocurre con los sistemas de planificación centralizada en donde la libertad es algo que no se deja trascender porque solo importa el anhelo de control ante lo que se cree conveniente.

Por otra parte, la pura libertad sin razón y capacidad de amar genera totalitarismo porque solo se impone la voluntad del más fuerte. Y la capacidad de amar sin razón ni voluntad conduce a una cultura asistencialista en donde solo se espera que otros den a los demás.

Lo anterior puede ser resumido en el siguiente cuadro:

Cuadro 15

Reflexión sobre la persona

Elementos de la persona	Alcance	Desarrollo acorde con su naturaleza	Desarrollo no acorde con su naturaleza	Fin último
Razón	Ser que puede conocer Relación esencial vital con el mundo	Inteligencia	Arrogancia	Utilidad
Voluntad	Ser que tiene deberes Relación esencial vital con las personas	Libertad	Totalitarismo	Autonomía, convivencia libre y voluntaria, capacidad creadora
Amor	Ser que le cabe esperar Relación esencial vital con el misterio de Dios o lo absoluto	Capacidad de amar	Cultura asistencialista	Total trascendencia separando el mito de la realidad

Fuente: Elaboración propia

Del cuadro presentado se puede concebir una belleza para la enseñanza de la economía como la siguiente:

Figura 5

Belleza de la enseñanza de la economía

Amor
Ser que cabe esperar
Voluntad
Ser que tiene deberes
Razón
Ser que puede conocer
Persona
Homus Economicos
Relación esencial vital con el mundo
Relación Esencial vital con las personas
Relación Esencial vital con el misterio
Utilidad
Autonomía y convivencia
Belleza
Inteligencia
Libertad
Capacidad de amar

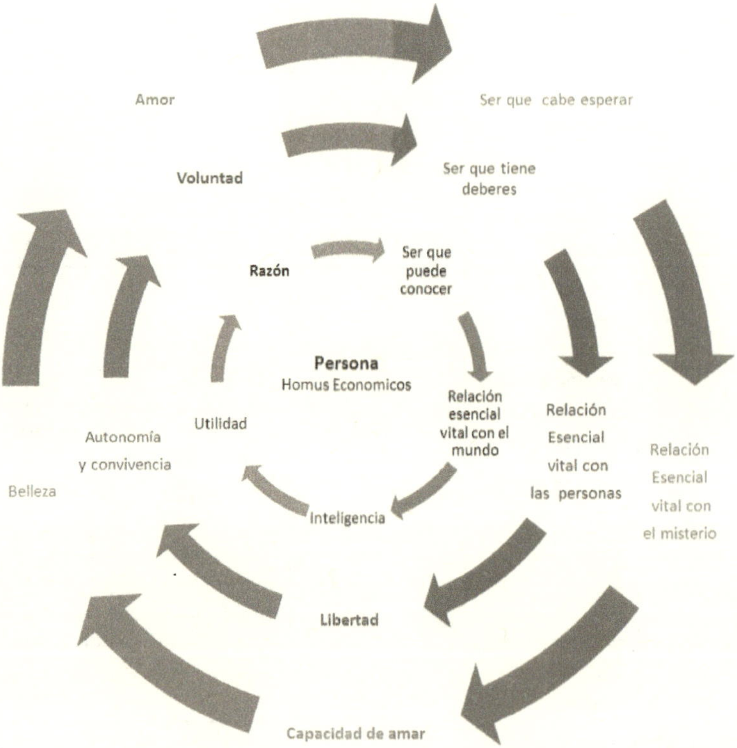

La deducción de esa belleza parte de considerar que si se identifican los límites de la razón, tal como lo plantea Kant, se puede ensanchar la misma, como lo plantea Benedicto XVI, y así se considera la totalidad del ser humano hacedor de sí mismo al relacionarse con su entorno y de manera especial con sus semejantes, tal como lo plantea Buber.

De esta manera, la razón se pregunta por lo que puede conocer y por ello genera una relación esencial vital con el mundo con el objetivo de generar utilidad. Sin embargo, la razón se transforma en inteligencia cuando desarrolla con eficiencia lo con-

124

siderado como útil, al trascender desde la autonomía hacia la convivencia hasta llegar a la belleza, lo cual es posible al desarrollar esa inteligencia para alcanzar la libertad y la capacidad de amar. Desde allí se generan relaciones esenciales vitales con las personas y con el misterio basadas en el descubrimiento de deberes y esperanzas fiables.

Además, podemos dilucidar a la utilidad, la autonomía-convivencia y a la belleza como tres objetivos a ser abordados necesariamente en la enseñanza de la economía para aprovechar las bondades de la naturaleza humana y así desarrollar a la persona. Estos tres objetivos y los medios para llegar a ellos son complementarios. De esta manera, para alcanzar utilidad, la razón se pregunta por lo que puede conocer. Ello compone una relación esencial con el mundo que transforma la razón en inteligencia para utilizar los medios productores de utilidad de la manera más eficiente posible. Por lo tanto, un uso de los recursos sin inteligencia implicaría no medir las consecuencias de sus actos y ello generaría ineficiencia, hasta llegar al desabastecimiento de las cosas útiles.

La inteligencia anterior se perfecciona cuando se expande la voluntad que se pregunta por los deberes hacia los demás: así se suscita una relación esencial con los demás que - al desarrollar un proyecto de vida propio y respetar el proyecto de vida del otro - origina libertad basada en la autonomía y la convivencia.

Por último, la libertad se perfecciona cuando la voluntad da cabida al amor y a partir de allí se pregunta por esperanzas fiables o lo que le cabe esperar sin caer en lo mitológico. De esta manera se forma una relación esencial vital con el misterio de Dios que expande la capacidad de amar fudamentada en la belleza. Desde el punto de vista económico, esta belleza consistiría en la capacidad de disfrutar de algo sin que ese algo pueda ser excluido ni tenga rivalidad en el consumo.

Asimismo, desde el punto de vista económico, la razón se transforma en inteligencia al causar utilidad por medio de la eficiencia. La voluntad se transforma en libertad al plasmar en cada persona un proyecto de vida propio, y cuando cada persona respeta el proyecto de vida de los demás. Y el amor o afecto se convierte en capacidad de amar cuando se reconoce y rechaza al mito y se valora lo no excluyente ni lo rival en el consumo.

Considerando el principio de la economía de la Escuela Austríaca referido a la necesidad del hombre de pasar de una situacción menos satisfactoria a otra mejor, porque "estudia la conducta humana como una relación entre fines y medios limitados con diversa aplicación" y del famoso concepto de economía dado por Robbins (1898-1984) en el año 1932 en cuanto a buscar satisfacer necesidades ilimitadas por medio de la asignación de recursos escasos, porque: "La escasez de los medios para satisfacer fines de importancia variable es casi una condición omnipresente de la conducta humana" (Robbins, 1932/1944 p. 22), se plantea la necesidad de identificar los tipos de satisfacción para con cada la utilidad, la autonomía, la convivencia y la belleza.

A ese respecto, se toma en cuenta lo planteado por Kant en la Crítica del Juicio acerca de las formas, tipos y fuentes de satisfacción y de allí se plantea la manera como cada ámbito de la satisfacción contribuye a la utilidad, autonomía y convivencia y belleza como elementos de la antropología para la enseñanza de la economía:

Cuadro 16

Tipo de satisfacciones y sus fuentes

Formas de satisfacción	Fuente de la satisfacción	Tipo de satisfacción	Objetivo de la economía desde la antropología
Agradable	La representación del objeto y la existencia de éste	Interés y deseo. Se da de manera inmediata al consumir el objeto	Utilidad
Bueno Estimación	Las relaciones interpersonales. Lo bueno de los objetos está en el respeto al derecho de propiedad	Interés y deseo. La representación del objeto y la existencia de éste	Autonomía y convivencia
Bello Complacencia	Naturaleza. Con Forma o con limitación del objeto	Desinteresada, consecuencia de la reflexión y se encuentra en la contemplación. Pudiera decirse que son bienes no rivales y no excluyentes	Belleza, bienes no rivales y no excluyentes

Fuente: Elaboración propia

Esta reflexión nos motiva a desarrollar cada uno de los objetivos de la economía desde la concepción antropológica, tomados en cuenta desde la integralidad de la persona y de todo su ser para no cometer errores limitantes del progreso. La integralidad propuesta consiste en que cada objetivo debe tomar en cuenta las cuatro categorías kantianas para abarcar el potencial de la naturaleza humana, considerando la relacionalidad de la persona se podrá entender las cantidades más o menos requeridas, utilizadas y/o a utilizar en la actividad económica o las cualidades de todo lo que participa en la actividad económica y sus respetivas modalidades.

Es así como consideramos que la belleza de la economía la podemos conseguir indagando en la belleza humana, y desde allí podemos encontrar respuesta en lo que menciona Benedicto XVI en el año 2006 durante el *Discurso con motivo del encuentro con el mundo de la cultura en la Universidad de Ratisbona* acerca de que la cuestión de la educación de la persona consiste en la formación de su inteligencia, su libertad y capacidad de amar, de superar la reducción del hombre, considerado un simple producto de la naturaleza, como tal no realmente libre y al que de por sí se puede tratar como a cualquier otro animal.

Esta integralidad demuestra la necesidad de desarrollar la inteligencia, libertad y capacidad de amar sin excluir ninguno de ellos. No desarrollar la inteligencia, la libertad y la capacidad de amar, la razón, la voluntad y el amor de manera simultánea conlleva al destruccionismo del género humano.

Con lo mencionado hasta el momento, tomamos una la conclusión: la educación consiste en la formación de la capacidad natural para alcanzar la belleza a partir del encuentro consigo mismo para realizarnos como personas con carácter. Ante ello, cabe volver a preguntarse, ¿Cuál será el carácter que conduce al éxito en el ámbito de la economía? O dicho de otra manera, ¿cuál será el carácter personal que conduce al éxito para que cada persona, sus familiares, sus comunidades y la sociedad en general prosperen sin que nadie sufra ni pase dificultades, y viendo mejores condiciones para los necesitados y perseguidos?

Para responder esa pregunta, en primer lugar se presentan algunos estudios sobre el carácter para el éxito de la economía. Seguidamente se identifican cómo contribuyen éstos a la libertad, razón y cooperación de la(s) persona(s) de acuerdo a lo planteado por Benedicto XVI, Kant y Buber; a continuación se evalúa ese carácter a la luz de lo planteado en esta investigación para luego determinar como pudiera ser posible la formación de ese carácter en niños y jóvenes.

Uno de los principales trabajos seminales sobre el carácter personal para tener éxito en la economía es el de Stanley y Danko (1998), donde se estudiaron por 10 años a más de 1000 personas con altos niveles de riqueza, y se identificó que la misma no obedece a herencia, títulos universitarios o a ser más inteligente que los competidores sino a un carácter personal que define a personas como modestas, gastan menos de lo que ganan e invierten el resto, son eficientes con el tiempo, dinero y energía; dan mayor prioridad a la independencia financiera que a la posición social, sus padres no les proporcionaron una asistencia financiera significativa; lograron éxito con base en su propio esfuerzo, enseñan a su familia a ser auto suficientes, se enfocan en ofrecer productos y servicios a otros y escogen ocupaciones en las que podrían proporcionarse su propio empleo.

Luego de este trabajo seminal, surgieron textos escritos por Kiyosaki, R. y Lechter Burbano (1999), Cajina (2007), Castellón y Barreiro (2010), Fisher (1989), Gurión (2009); Hellriegel, Jackson y Slocum (2002), Little, y Lee (2007); Puentes (2006) y Tyson (2008); entre otros, los cuales tienen en común el considerar que la mayor de las causas de los problemas financieros obedece a la carencia de la característica número uno mencionada por Stanley y Danko (1998) en cuanto a que las personas valoran excesivamente el presente en relación con el futuro, por no tener un proyecto propio de vida.

Aunque los autores mencionados nombran causas y consecuencias de poseer el carácter personal mencionado, para los efectos de esta investigación consideramos que, a manera de conclusión, el elemento en común que tienen es "la autonomía" debido a que ésta consiste en la capacidad de las personas de generar sus propios recursos. Por ello, ninguna recomendación financiera es válida si la persona no ha asumido una autonomía en su nivel cognitivo.

Al respecto, en el ámbito netamente económico encontramos el estudio de la Foundation Economic Edcuation, que define carácter como "la naturaleza de la personalidad moral de un individuo, derivada de sus valores morales enraizados y elegidos, que son consistentemente aplicados y expresados por su comportamiento y acciones" (Brashear, Clohessy, Riddle y Smith: 2016, p.297).

Buscador de utilidad con verdad

¿Qué podemos conocer de la utilidad en el ámbito económico para la formación de personas sólidas?

La utlidad es un tema fundamental en los principales textos de introducción a la economía, tal como aparece en los libros de Samuelson (1948), capítulo 4; Samuelson y Nordhaus (1985/2006), capítulo 5; McConnell y Brue (2001), capítulo 21; Mochón (1993), capítulo 6; Castañeda (1982), lecciones 10, 11 y 12; Pernaut y Ortiz

(1995) capítulo 4; Mankiw (2002), Capítulo 21; Krugman y Wells (2007), capítulos 10 y 11; Miller y Meiners, capítulo 3; Call y Holahan (1983), capítulo 5; Nicholson (2001), capítulo 2; McEachern (1998) capítulo 6; Scheifler (1990) capítulo 1 y Mises (1945/2010).

Los autores consideran la utilidad como el nivel de satisfacción íntimamente ligada con el concepto de valor. De acá cabría interrogarse lo siguiente: ¿qué busca una persona cuando anhela utilidad, cuando anhela satisfacción?

De esta pregunta se evidencia la necesidad humana de aspirar siempre a más. Es lo que lo hace convertir cosas en medios útiles debido a que "vuestro entusiasmo y alegría, vuestros deseos de ir a más, de llegar a lo más alto" (Benedicto XVI 2011) forman parte de la plenitud de la persona. La necesidad humana sin el bien que la satisfaga es frustrante, pero el bien sin la necesidad humana es vacío. La utilidad es una relación entre la persona que es inherente o sustancial en su fines y los recursos que satisface son accidentales. Desde este punto de vista, el valor de uso más que la aptitud que posee un bien para satisfacer la necesidad de la persona, está en la capacidad de la persona de identificar alguna aptitud por parte de ese bien para satisfacer alguna necesidad. Y como los recursos tienen usos alternativos, es totalmente accidental la necesidad que pueda satisfacer ese recursos, debido a que el mismo puede ser utilizado para diferentes opciones.

Es así como se considera que el valor estético es un juicio, con un fundamento epistémico en los principales postulados de Kant (1790), en cuanto a que nunca podremos demostrar lógicamente que un objeto es bello, "lo único que podemos hacer es convencer a los demás de que vuelvan a mirar y con más atención, el objeto de que se trate, esperando que al final sus sentimientos se despertarán y que coincidirán con nuestro propio juicio" (p. 336).

En este sentido encontramos relación con lo planteado por Benedicto XVI en la XLI Jornada Mundial de las Comunicaciones Sociales: "Cuando se pone a los niños delante de lo que es estética y moralmente excelente se les ayuda a desarrollar la apreciación, la prudencia y la capacidad de discernimiento"; el cual deducimos que también aplica para jóvenes y adultos al mencionar el Papa en esa misma jornada que: "La belleza, que es como un espejo de lo divino, inspira y vivifica los corazones y mentes jóvenes, mientras que la fealdad y la tosquedad tienen un impacto deprimente en las actitudes y comportamientos".

En este primer paso esperamos inspirar la capacidad de asombro, salir de la indiferencia que no los hace reaccionar ante espectáculos dantescos como largas colas de gente que sufren bajo un inclemente sol o lluvia pertinaz para hacerse de algún alimento de la cesta básica a precio de obsequio; la indiferencia con que pasan al lado de grandes montañas de basura sin siquiera mostrar un desagrado por lo nauseabundo del espacio por donde transitan; el poco interés que les despierta el vocablo utilizado en su vida cotidiana (palabras groseras), la pasividad con que se acepta el que nos hayan convertido en mendigos de medicamentos, alimentos, artículos de higiene personal, de manera que nos han convertido en trocadores de todo tipo de artículos de uso cotidiano en fin, aceptan como normal hechos que agreden su integridad moral e intelectual. La indiferencia priva de la posibilidad de mejorar su entorno haciéndolo agradable y bello y por lo tanto, de una mejor vida.

En consecuencia, la estética es una herramienta con la que esperamos rechazar los actos que nos disminuyen como seres humanos, para no ser indiferentes ante todo lo que rebaje el nivel de lo político, lo social, lo urbano y lo ambiental; apreciables como seres estéticos.

De todo lo anterior surge la pregunta acerca de ¿Qué relación puede haber entre la belleza y la economía? Si para responder esta pregunta tomamos en cuenta la referencia de Schiller (1759-1805) en su Segunda Carta sobre Educación Estética acerca de que "es a través de la belleza como se llega a la libertad." Sí por medio de la belleza construimos nuestro hogar, y por medio de la misma llegamos a la libertad, inversamente podría pensarse que por medio de la fealdad, de anti-valores y del sufrimiento destruiremos nuestro hogar, y dejaremos de ser libres.

En conclusión, nos apoyamos en que solo a través de la belleza alcazamos nuestra libertad, para obtener progreso sin límites teniendo en cuenta dos aspectos argumentados en la Encíclica Spe Salvi (2007). El primero es que "el progreso es la superación de todas las dependencias, es progreso hacia la libertad perfecta" (N° 18) y el segundo es que la libertad debe enseñarse de nuevo en cada generación para que no se pierda en el buen funcionamiento de la economía. Esto implica que el sentido de la libertad debe enseñarse en todo momento porque de lo contrario cualquier sociedad por muy desarrollada que se considere puede perder el sentido y la vivencia de la libertad y tener como consecuencia el destruccionismo.

<h1 style="text-align:center">Algunos respaldos de los conceptos del Capítulo 4</h1>

Concepto	Respaldo
Pensar en coherencia cuando se toma en cuenta el encuentro del pensamiento con el otro.	Buber (1923/2002). Yo y Tu
Pedagogía de Kant	Kant (1803/2010). Pedagogía
Referencias a una voluntad conducente a la libertad y a la manera de pensar	Kant, I. (1790/2003). Crítica del Juicio
La formación del carácter para el avance de la libertad	Kant Kant, I. (1798/1991). Antropología en sentido pragmático Benedicto XVI (2008c). Benedicto XVI (2008c). Carta a la Diócesis y a la ciudad de Roma sobre la tarea urgente de la educación
La libertad en el encuentro con el otro	Buber (1923/2002). Buber, M (1923/2002). Yo y Tu Benedicto XVI (2009b). "Lection Divina"
Diferencia entre los juicios que trascienden de los valorativos	Mises L. (1945/2010). La Acción Humana p. 147
La razón igual en todos los humanos	Descartes (1637/2000). Discurso del método para conducir bien la propia razón y buscar la verdad en las ciencias
La razón de la sociedad para cooperar en medio de la guerra contra la escasez. El hombre actúa y piensa porque está en un mundo de escasez	Mises (1945/2010). Acción Humana p. 26. 235
Los dos hechos fundamentales que dan origen a la cooperación social	Mises (1945/2010). Acción Humana. pp. 38-39. 144-145
La autonomía humana se logra con el diálogo	Benedicto XVI (2009a). Discurso a los profesores y estudiantes de la Libre Universidad María Santísima Asunta

Actualización de Santo Tomás de Aquino sobre Benedicto XVI	Benedicto XVI (2010b). Santo Tomás de Aquino
Sobre las amenazas de un contexto social y cultural impregnado de relativismo y nihilismo	Benedicto XVI (2008) Discurso a los Administradores de la Región Lacio, del Ayuntamiento y de la Provincia de Roma Benedicto XVI (2009b) "Lection Divina" Del Santo Padre Benedicto XVI en el Pontificio Seminario Romano Mayor"

Capítulo V

Cuestión Teológica de la Economía

La teología "presta, además, una ayuda a todas las otras disciplinas en su búsqueda de significado, no sólo ayudándoles a examinar de qué modo sus descubrimientos influyen sobre las personas y la sociedad, sino dándoles también una perspectiva y una orientación que no están contenidas en sus metodologías"

Juan Pablo II (1990) N° 19

Considerando "la teología que indaga la «razón de la fe»" (Ratzinger: 1990, N°7), nos pareció propicio tomarla en cuenta para identificar lo que sería una falsa fe en la economía. El riesgo de tener una falsa fe está en destruir al ser humano por estar mal canalizado en una búsqueda de poner su confianza en algo que no corresponde con su ser. Por el contrario a una falsa fe esta la trascendencia porque el carácter de trascender es la capacidad que el espíritu humano tiene por naturaleza de salir al encuentro del ser ilimitado, o denominado también como absoluto.

Carecer de libertad puede conducir a que el ser ilimitado sea concedido en una persona limitada, lo cual es llamado idolatría, que en el ámbito político lleva a una estatolatría, al tener una sociedad que se va destruyendo con sumisión total al líder o Estado. El objetivo aquí es presentar los puntos en común de la estatolatría abordada por un economista no creyente y el Papa Benedicto XVI. Para ello se definirán sus respectivos enfoques teológicos al respecto, las características de un estado que promueve la sumisión, las cualidades, relaciones fuera y el anhelo de una catequesis que conduzca a la libertad para no caer en idolatría.

De acuerdo al numeral 2113 del *Catecismo ·e la Iglesia Católica*, una idolatría se da al divinizar algo distinto a Dios: "Trátese de dioses o de demonios, de poder, de placer, de la raza, de los antepasados, del Estado, del dinero, etc." Este punto de vista se ajusta con el planteamiento de Mises al identificar como "falsas religiones modernas al socialismo, la estatolatría y el nacionalismo" (Mises: 1945/2010, p. 236) y esto armoniza con el juicio de Benedicto XVI (2009a) en relación a las falsas religiones causadas en el afán del poder y riqueza obtenido mediante el dominio de los demás.

En relación con esas implicaciones, la idolatría se sostiene en la sumisión y ello conduce a una sociedad sin tener reglas, en las cuales no se permite al hombre distinguir entre lo mío y lo tuyo para que cada quien pueda averiguar su respectiva esfera de responsabilidad; porque la sumisión adolece de responsabilidad al no ser dueño de sí mismo, y por ello, a la pérdida de la libertad. Lo anterior se observa en la evolución de la humanidad que ha superado la sumisión y/o idolatría en las hordas de la época paleolítica para protegerse de los agresores del medio, el clan por la protección que daba el considerarse proveniente de un ancestro común, la tribu por la unión de un antepasado real o mítico, a la religión, al faraón de Egipto, al becerro de oro, al Estado, al rey, a la suerte, a la superstición, la razón, la polis, etcétera, cuando cada una de las personas de los grupos mencionados perdían su sensación de protección al salir de los mismos.

De las evidencias anteriores surge la siguiente inquietud: ¿por qué para la satisfacción de necesidades, unos prefieren la libre iniciativa individual y otros el asistencialismo del Estado o de cualquier otro ente, incluso a costa de la sumisión? Para dar respuesta a estas preguntas, surge la necesidad de buscar coincidencias entre el pensamiento de Ludwig von Mises y el de Benedicto XVI, a fin de verificar que al dar a la economía un carácter teológico, por ser éste incompatible con su naturaleza, la consecuencia es el destruccionismo producto de sustituir a la libre iniciativa por la idolatría hacia un líder o al Estado. Por el contrario, cuando a la economía no se le atribuyen categorías teológicas, la libertad se convierte en medio para el progreso, conforme con los aportes de la teología cristiana que están en función del derecho a las libertades religiosas.

Teología común de Mises y Benedicto XVI

Según Mises: "La teología cavila en torno a cuáles puedan ser los fines de la sociedad y los planes divinos que, mediante ella, hubieran de estructurarse, pretendiendo incluso averiguar los fines a que apuntan las restantes partes del universo creado" (Mises: 1945/2010, p. 230). Para Mises, cuando se teologiza la economía, el colectivismo tiene cabida y conduce a la creencia de una sociedad como entidad autónoma existencia, independiente de los individuos que la conforman, llevando a:

...grave antagonismo entre los objetivos sociales y los individuales, lo que lleva a la consecuencia de que resulta imperativo domeñar el egoísmo de los particulares para proteger la existencia y desenvolvimiento de la sociedad, obligando a aquéllos a que, en beneficio de ésta, renuncien a sus puramente personales designios. Una vez llegadas a tal conclusión, todas esas aludidas doctrinas vense forzadas a dejar de utilizar el análisis científico y el razonamiento lógico, desviándose hacia puras profesiones de fe, de índole teológica o metafísica. Han de suponer que la providencia, por medio de profetas, apóstoles y carismáticos jerarcas, constriñe a los hombres, de por sí perversos, a perseguir fines que éstos no apetecen (Mises: 1945/2010, p. 233).

Lo anterior conduce a pensar que en la sociedad siempre alguien establece los fines y/o los planifica y por ello, por ejemplo, el debate entre economía de mercado y economía colectivista no debería estar centrado en si debe o no haber planificación en la economía, puesto que siempre la hay. Permanentemente alguien decide los fines y cómo utilizar los recursos para alcanzarlos, por lo que la disputa más bien está en quiénes harán la planificación. En efecto, la economía colectivista planifica por medio de un gobierno con un carácter irremediablemente teológico conducente a una idolatría.

Estos elementos teológicos presentes en las ofertas colectivistas se sostienen sobre una "teoría del progreso, una doctrina referente al destino de la humanidad, al sentido y naturaleza, al propósito y fin de la vida humana" (Mises: 1922/2003, p. 232). Este aspecto, según Mises, es el que menos llama la atención entre quienes consideran al socialismo como una amenaza a la libertad, a pesar de ser, desde su punto de vista, la sustentación del mismo. Dicha teoría del progreso, también llamada "milenarismo", se caracteriza por la "visualización de la última etapa del género humano como de perfecta armonía e igualdad, un estado en el que todas las cosas se poseen en común, en el que no existe la necesidad de trabajar o de repartir el trabajo" (Rothbard: 1995, p. 329); de allí que para los milenaristas las instituciones están en función de un "por venir" donde el ser humano no lo construye de manera deliberada de acuerdo a la incertidumbre, sino que espera irremediablemente una utopía la cual no se cumple. Los milenaristas manipulan a las personas alegando como razón la ausencia de "súbditos virtuosos" (Mises: 1945/2010, p. 18).

De igual manera, el Papa Benedicto XVI ilustra a los "milenarismos" amparados por "mesías" "prometedores, pero forjadores de ilusiones, quienes basan sus propuestas en la negación de la dimensión trascendente del desarrollo, seguros de tener todo a su disposición. Esta falsa seguridad se convierte en debilidad, porque comporta el sometimiento del hombre, reducido a un medio para el desarrollo, mientras que la humildad de quien acoge una vocación se transforma en verdadera autonomía, porque hace libre a la persona"[8]. Esto fortalece la interpretación de Mises acerca de que los seguidores de milenaristas, "en su ceguera esperan de él la salvación y la saciedad de sus resentimientos"[9] y esperar de otro lo deseado conduce irremediablemente a una renuncia a la libertad. Por el contrario, la revelación que ha discernido la Congregación para la Doctrina de la Fe a la que el Cardenal Ratzinger presidió por varias años, en la evolución del universo Dios se ha reservado la iniciación, pero el libre albedrío de cada persona tiene capacidad de crear cosas inimaginables.

Según Benedicto XVI (2007b), una falsa esperanza producto de un "por venir" como promesa milenarista cree en un "hombre nuevo" pero obvia la fragilidad de la libertad de su género debido a que "nunca existirá en este mundo el reino del bien definitivamente consolidado. Quien promete el mundo mejor que duraría irrevocablemente para siempre, hace una falsa promesa, pues ignora la libertad humana"; dado que la libertad, el progreso y todo "recto ordenamiento" son permanentemente frágiles y por ello deben ser conquistados y transmitidos una y otra vez en cada generación; tal como señala Benedicto XVI:

> la búsqueda, siempre nueva y fatigosa, de rectos ordenamientos para las realidades humanas es una tarea de cada generación; nunca es una tarea que se pueda dar simplemente por concluida. No obstante, cada generación tiene que ofrecer también su propia aportación para establecer ordenamientos convincentes de libertad y de bien, que ayuden a la generación sucesiva, como orientación al recto uso de la libertad humana (Benedicto XVI: 2007b, N° 25)

Esto conduce a reflexionar en torno al siguiente planteamiento de Hayek: "Para que las viejas verdades mantengan su impronta en la mente humana, deben reintroducirse en el lenguaje de las nuevas generaciones" (Hayek: 1959, p. 19) y preguntarnos constantemente el cómo renovar en cada generación esa verdad que nos hace libre y por ello cada vez más humanos.

Sin embargo, a los milenaristas los caracteriza "la imaginación enfermiza que pinta con voluptuosa insistencia los goces del amor que esperan a la humanidad en

---

[8] Benedicto XVI (2009a). Caritas in Veritas (N° 17)

[9] Mises von Ludwig (1922/1968). El Socialismo: Análisis económico y sociológico (p.9)

el paraíso del falansterio" (Mises: 1922/2003, p. 78) que nunca ha llegado ni llegará pero "Cierto es que todas las variedades de colectivismo prometen una paz eterna a partir del día de su victoria final, una vez hayan sido derrotadas todas las demás ideologías y exterminados sus seguidores" (Mises: 1945/2010, p. 242). De allí que la forma de permanecer en la sociedad se vincule en la lucha de clases y no en la conciliación de clases conducente a las bondades de la cooperación social que desarrolla el ingenio y ve constantemente oportunidades donde los exterminadores solo ven problemas.

De lo anterior se puede deducir que si las instituciones están de acuerdo al "por venir" incluso otorgado por la voluntad de un Dios, se hace necesaria una planificación centralizada con exageradas regulaciones determinantes del futuro augurado. Pero si va concebido como un "por hacer", la incertidumbre se convierte en el centro de todo y nos preparamos para ello de acuerdo al ejercicio de la libertad. Esto implica la obligación moral de enfrentar la incertidumbre en forma emprendedora ejercida por el empresario, el cual mucho antes de saber si percibirá una recompensa por sus inversiones o ideas, arriesga su tiempo y propiedad y paga salarios mucho antes de tener noción de si ganará en el futuro con exactitud. De allí la necesidad de empresarios con las características mencionadas por San Bernardino de Siena: eficacia o diligencia, responsabilidad, empeño y asunción de riesgos hacia el futuro[10].

Esta forma de enfrentar el futuro llevó a Benedicto XVI a señalar que "El ser empresario, antes de tener un significado profesional, tiene un significado humano" Benedicto XVI: 2009a, N° 49); y sólo los humanos ven hacia el futuro con valentía y sentido de oportunidad. Ello implica el ejercicio de la libertad, sin obviar que para tener éxito, el empresario debe servir a otros.

Es así como se quita la divinidad al ejercicio de la economía, porque sin la predeterminación de la divinidad del milenarismo "el futuro está abierto a todas las posibilidades creativas del hombre, por lo que cada actor se enfrenta él mismo con una incertidumbre que podrá aminorarse gracias a los comportamientos pautados propios y ajenos (instituciones) y si actúa y ejerce bien la función empresarial" (Huerta 2005, p. 46). Es decir, para generar riqueza la gente no se pregunta ¿qué me permiten hacer con los recursos disponibles? entregando la voluntad y su capacidad creadora, sino que se preguntan ¿qué puedo hacer con mi propiedad y cómo soy responsable de crear recursos que mejoren la condición humana y satisfaga necesidades?

---

[10] Cfr Rothbard (1995). Historia del Pensamiento Económico. (p. 114)

Esta interrogante: ¿qué puedo hacer? fue abordada en el Parlamento Alemán por Benedicto XVI (2011b), al argumentar que el estado liberal de derecho es garantía de justicia y paz en la sociedad que permite a cada persona empoderarse de su destino de acuerdo a sus fundamentos ontológicos; y que en el judaísmo se encuentra los cimientos de ese estado liberal de derecho, los cuales pueden ser profundizados con el cristianismo.

Un gobierno grande puede conducir a idolatría

Según Mises, "Los adoradores del estado proclaman la bondad de una cierta organización estatal" (Mises: 1945/2010, p. 241) y por ser adoradores no tienen cabida para el raciocinio sino para una profesión de fe hacia un Estado proveedor. En consecuencia, para Mises, "la filosofía social estatista ocasiona que las instituciones tengan "explicación teológica, porque el Estado toma el lugar que los teólogos asignan a Dios" (Mises: 1922/2003, p. 28). De esta manera, el líder del Estado se convierte en director supremo "designado por la gracia divina que se derrama sobre ellos. Posee fuerza y facultades sobrenaturales que lo elevan por encima de los demás mortales. Rebelarse contra él sería no sólo atentar contra el orden terreno, sino infringir, a la vez, las leyes divinas y eternas" (Mises: 1922/2003, p. 183).

De esta manera, del líder mesiánico depende la felicidad. Eso hace que el "director de la economía socialista fuese un dios... ...Es indiscutible que el socialismo sería realizable inmediatamente si un dios omnisciente y todopoderoso se dignase descender a este bajo mundo para regir los asuntos del individuo" (Mises: 1022/2003, p. 206). Por la razón expuesta, Mises sostiene que "el socialismo es la religión de la autodivinización"[11] (Mises: 1945/2010, p1006) donde a través del Estado, el Pueblo, la Sociedad o la Humanidad se esconde la voluntad del líder socialista a quien se considera un ídolo con atributos otorgados por los teólogos a Dios como "infinitamente bueno, omnipotente, omnipresente y eterno; y el único ser perfecto en este imperfecto mundo" (Mises: 1945/2010, p. 818). A los devotos del ídolo, Mises los considera fanáticos a los que no hay argumentos que pueda convencer de lo errado de su líder. Mises también menciona esta percepción hacia el fanático al final del capítulo XXVII de "Socialismo" al sostener que "Recurrir a la razón para luchar contra dogmas místicos es vana empresa. No se ilustra a fanáticos; es preciso que se estrellen la cabeza contra la pared" (Mises: 1922/2003, p. 286).

---

[11] Mises von L (1945/1985). La Acción Humana. (p. 1006)

Desde el punto de vista de Benedicto XVI, es posible eliminar el fanatismo al superar el mito y la emoción reflejados en ideologías totalitarias, como cuando "en 1989 el mundo fue testigo de modo dramático del derrumbe de una ideología totalitaria fracasada y triunfo del espíritu" (Benedicto XVI 2009d, N° 30) cuyo triunfo resplandece cuando la emoción no depende del mito ni el engaño del otro, sino del uso de la facultad de pensar y ser dueño de sí mismo.

Aunque parezca una obviedad, fuera del estado liberal de derecho hay cabida para no aceptar este principio a pesar de su superioridad moral, implicada en comprender que cada persona no tiene más derechos como parte de la sociedad ni como gobierno de los poseídos por ser simplemente miembro de la especie humana, por lo que la autonomía y el derecho natural no pueden ser restringidos ni condicionados a la disposición y acuerdo de la mayoría.

Por el contrario, fuera del estado liberal de derecho, la ley puede ser suplantada por la mera formalidad del procedimiento legislativo para su promulgación, lo que a la postre anula el principio de legalidad en sí mismo que servía de refugio ante un abuso de poder o extralimitación en sus funciones.

En la *Encíclica Deus Caritas Est*, el Papa Benedicto XVI, resume cómo la doctrina social de la Iglesia demuestra que la estructura económica propuesta por Marx, en cuanto a la colectivización de los medios de producción para resolver los problemas de justicia y pobreza es un fracaso que empeora la situación, porque va contra la naturaleza humana. Acá es importante acotar cómo el Papa menciona que una diferencia entre animales y humanos está en la "propiedad", debido a que un animal sólo usa las cosas, porque no es propietario; ello obedece a no cumplir con todos los atributos del propietario como la capacidad de transferir, porque nunca se ha visto que un perro cambie con otro perro, por ejemplo, un hueso por un juguete. Por el contrario, el ser humano por su razón puede ser propietario, y ello conduce al intercambio libre y voluntario, lo cual genera avance en la civilización porque la gente, para intercambiar ofrece lo mejor de sí para obtener cosas de su agrado. Por el contrario, la colectivización, o el socialismo, sólo invita a usar las cosas, tal como lo hacen los animales, y no a ser propietario como establece el estado liberal de derecho.

Es allí donde Benedicto XVI da sentido a que el Estado, como garante de las normas de una sociedad para la convivencia en paz, debe tener normas en función a la naturaleza humana, y dentro de la naturaleza humana se encuentra la propiedad, elemento fundamental para ejercer la imagen y semejanza de Dios como ser creador, porque al intercambiar, las personas utilizan su ingenio, capacidad de innovación y de satisfacer necesidades de otros para transferir la propiedad por algo que otros deseen, y de esa manera producir un intercambio donde se valore más lo que se recibe que lo que se da.

Es importante acotar que esta defensa a la propiedad privada de los medios de producción también menciona el hecho de que sólo de esa manera se garantiza la conservación de los recursos porque el propietario se hace responsable de su mantenimiento, cosa que no ocurre cuando la propiedad es colectiva. De allí la necesidad de fomentar un Estado que garantice los bienes legítimamente adquiridos.

A este respecto, la doctrina social de la Iglesia siempre ha defendido la propiedad y la coloca como un principio denominado "Destino Universal de los Bienes". Este principio algunas veces ha sido mal interpretado por teólogos como los precursores de la Teología de la Liberación, quienes han querido cristianizar al marxismo y por ello buscan validar la colectivización de los medios de producción, pero contra ello el Cardenal Joseph Ratzinger luchó constantemente por desmontar que ello es contrario a la naturaleza humana y por ello al cristianismo con un argumento similar al de Mises acerca de la "función social de la propiedad" la cual consiste en que los más aptos son quienes hacen que los bienes de producción permanezcan en el tiempo, mejoren y ofrezcan bienes y servicios, por lo que "La propiedad de los medios de producción no es un privilegio, sino una responsabilidad social. Capitalistas y terratenientes son constreñidos a dedicar sus propiedades a satisfacer del mejor modo posible a los consumidores. Si les falta inteligencia o aptitudes, sufren pérdidas patrimoniales" (Mises 1945/2010, p. 473).

Estas mismas razones se perciben en Benedicto XVI, cuando en la *Encíclica Spe salvi* menciona cómo el desarrollo de la naturaleza humana condujo al progreso traído por la Revolución Burguesa. En el numeral 20 y 21 de esa encíclica, se menciona la necesidad de ver a los pobres sin caer en el "error fundamental de Marx" tan contrario con el estado de derecho debido a que Marx indicó cómo cambiar el sistema económico, pero, dice el Papa, "no nos dijo cómo se debería proceder después. Suponía simplemente que, con la expropiación de la clase dominante, con la caída del poder político y con la socialización de los medios de producción, se establecería la Nueva Jerusalén".

A la cita anterior continúa diciendo Benedicto XVI que, según Marx, se anularían todas las contradicciones y así todo podría proceder por sí mismo por el recto camino, "porque todo pertenecería a todos y todos querrían lo mejor unos para otros". Sin embargo, fue el mismo Lenin quien luego de actuar de esta manera donde se consideraba que la justicia estaba por encima del estado de derecho, se percató que en los escritos de Marx no había ninguna indicación sobre cómo proceder. Había hablado ciertamente de la fase intermedia de la dictadura del proletariado como de una necesidad que, sin embargo, en un segundo momento se habría demostrado caduca por sí misma.

Ante esa situación, sostiene el Papa que el error de Marx está en que la libertad humana es siempre libertad, incluso para el mal, porque Marx y sus seguidores creyeron que, una vez solucionada la economía, todo quedaría solucionado. Por ello dice Benedicto XVI (2007b): "su verdadero error es el materialismo: en efecto, el hombre no es sólo el producto de condiciones económicas y no es posible curarlo sólo desde fuera, creando condiciones económicas favorables" (N|21).

Empero, en la doctrina social de la Iglesia, y dentro del magisterio de Benedicto XVI (2005b) el significado político de la Iglesia reside en mostrar los límites entre lo político y lo que no debe serlo (lo cual incluye lo teológico). Es así como Benedicto XVI en la *Encíclica Spe salvi* sostiene que no se puede confundir al Mesías con un político ya que "Jesús no era Espartaco, no era un combatiente por una liberación política como Barrabás o Bar-Kokebá" (Benedicto XVI, 2007b N° 4).

Ahora, cabría preguntarse si las denuncias hechas por quienes hacen frente a quienes no cumplen el estado de derecho ¿han estado dirigidas a desmontar estos soportes mágico-religiosos del liderazgo presidencial o más bien han apuntado hacia el plano exclusivamente racional (ideológico, político y funcional)? A partir de allí, se puede encontrar con sentido que el Papa considere la libertad religiosa entre los principales derechos del hombre, porque sólo a partir de allí podrá reflexionar acerca de cuál es la verdadera promesa de salvación, la cual no entra dentro del campo de la política - porque el mismo Papa ha sostenido innumerables veces que la política no es materia religiosa – pero sí permite aportar los principios para una política acorde a la naturaleza humana.

Militarismo conducente a la idolatría

De acuerdo al matrimonio Friedman, de la intervención de los militares en la política no solo se puede deducir la ausencia del estado de derecho sino también una cultura que promueva el "método militar" en la actividad económica, que consiste en "asumir que alguien debe haber dado las órdenes para asegurarse que los productos "adecuados" se produzcan en las cantidades "adecuadas" y están disponibles en los lugares "adecuados"[12]. Este "método militar" atrofia la perspicacia empresarial que sólo puede ser desarrollada por las actividades vitales propias de la voluntad y del intelecto o entendimiento que nos hace imagen y semejanza de Dios.

A este respecto, Mises menciona el "carácter cuasi-teológico de las doctrinas colectivistas" que no tienen cabida en los "principios liberales democráticos sino en principios militaristas"[13], y por ello, cuando el súbdito no obedece no queda otro camino que la represión, el castigo y sometimiento obligado.

De igual manera, cabe mencionar el discurso de Benedicto XVI (2011b) en el Bundestag, donde argumenta que el estado liberal de derecho es el garante de la justicia, la paz y la libertad. Desde allí el Papa sostiene que sin estado liberal de derecho ocurre la siguiente denuncia de San Agustín: "Quita el derecho y, entonces, ¿qué distingue el Estado de una gran banda de bandidos?". Esta idea era tan crucial para el Papa que ya había sido desarrollada cuando estaba al frente de la congregación para la doctrina de la fe en su condición de cardenal y lo abordó en el primer año de su pontificado en el numeral 28 de su primera Encíclica *Deus Caritas Est* al hacer referencia al orden justo del Estado.

Es por ello que, a la luz de lo que el Papa califica como "bandidos", de acuerdo al pensamiento de San Agustín, hoy en día lo pudiéramos verificar en Estados donde no exista "independencia judicial, cortes imparciales, protección de los derechos de propiedad, ejecución legal de los contratos, integridad en el sistema legal, restricciones en ventas como bienes inmuebles o interferencia de los militares en la política o el estado de derecho, hasta el punto de no poder confiar en la policía o tener que negociar con la delincuencia. Todos estos elementos actualmente son medidos en el indicador del Índice de Libertad Económica del Fraser Institute, de donde hoy en día se pudiera identificar entonces donde están los Estados bandidos que menciona el Papa.

Citando la interpretación que hace Zanotti al respecto, considerando que el Papa argumenta de los alemanes que "Hemos experimentado cómo el poder se separó del derecho, se enfrentó contra el derecho; cómo se ha pisoteado el derecho, de manera que el Estado se convirtió en el instrumento para la destrucción del derecho; se transformó en una cuadrilla de bandidos muy bien organizada, que podría amenazar el mundo entero y empujarlo hasta el borde del abismo" (Zanotti 2011, p. 2); pero si el Papa hubiera pronunciado ese discurso en Latinoamérica, se diría que "lamen-

---

[12] Friedman, M y Friedman R (1989).La Corriente en los Asuntos de los Hombres" (p. 11)

[13] Mises von Ludwig (1922/1968). El Socialismo: Análisis económico y sociológico (p. 183)

tablemente nos estamos acostumbrando a los bandidos en el poder, que ganan por elección popular, a su descaro e hipocresía, ocupando puestos en la Organización de Estados Americanos como si fueran verdaderos estadistas, con toda la complicidad y banalidad del mal de dichos organismos internacionales, que los admiten y los aplauden, con todo su estatismo y su autoritarismo desenfrenado, que frena el desarrollo de los pueblos, produciendo la pobreza, el hacinamiento, el hambre y la desnutrición de millones de personas, verdaderos pecados sociales que claman al cielo, que para colmo son luego interpretados como "capitalismo".

De acá podemos sacar una primera gran conclusión de lo definido por el Papa Benedicto XVI por estado liberal de derecho como garante de la libertad: que el derecho natural jamás puede estar en función de la elección democrática. Esta idea es defendida constantemente por Josep Ratzinger, como por ejemplo cuando recibió el Doctorado Honoris Causa por parte de la facultad de derecho de la Universidad LUMSA y mencionó que "El derecho no puede quedar expuesto al juego de la mayoría porque éste depende de la conciencia de los valores de la sociedad del momento", haciendo referencia a su texto Verdad y Libertad, en Humanista Número 14, al cuestionar que el sistema de la mayoría no es un sistema de libertad individual que se deduce del derecho natural y nunca puede estar sujeta a elecciones pues debe prevalecer por encima de cualquier sistema.

En esos dos momentos, Joseph Ratzinger cuestiona la veracidad de las elecciones libres, por la posibilidad de manipulación de los resultados mediante la propaganda o un pequeño número de individuos dominadores de la opinión pública. Acá cabe acotar la posible correlación existente entre países con menor libertad de prensa, por tener una edición de los medios de comunicación con altos niveles de regulaciones y por ser mayoritariamente del sector público. Tal es el caso de países que tienen bajo índice de "libertad de prensa". La visión mencionada también compagina con la de un Estado donde las leyes estén por encima de los mandatos, como lo establece Hayek en su texto *Fundamentos de la Libertad*, con un Estado que supera las críticas que Mises hace al Socialismo en su texto del mismo nombre.

En relación con el derecho natural, Benedicto XVI (2005b) ha sido un fuerte crítico al relativismo moral y defensor de la verdad objetiva, a pesar de que esto en algunos momentos ha sido mal interpretado como una imposición a través de métodos coercitivos. Sin embargo, las intenciones del Papa siempre han dado importancia a las convicciones más que a la fuerza. De acá se puede deducir que su punto de partida acerca del derecho natural está en los escolásticos tardíos de la Escuela de

Salamanca. Muestra de ello es su discurso ante la Organización de Naciones Unidas en el año 2004, donde cita a Francisco de Vitoria como precursor de la promoción de un Estado que tenga la "responsabilidad de proteger" como base de un orden nacional e internacional que conduce a al deseo de una absoluta y esencial libertad. Ante esto cabe preguntarse: ¿el estado tiene la responsabilidad de proteger qué? y ¿cuál es la aceptación actual de los pueblos acerca de esta enseñanza dada por el Papa?

Ante la primera pregunta, podemos conseguir un complemento o argumento en lo planteado por Benedicto XVI (2008h) en la ONU, en la teorización abundante sobre la economía desde un punto de vista moral realizada por Francisco de Vitoria. La doctrina católica de su tiempo tenía el afán de lucro de los comerciantes por pecado, y los comerciantes se dirigieron a él para solventar sus dudas pues o dejaban el comercio o se condenaban, lo que le indujo a tratar temas económicos. A esta situación, Vitoria la discierne en una breve estancia en la ciudad comercial de Flandes. Según el P. Beltrán de Heredia, Francisco de Vitoria "hizo por los menos un viaje a Flandes para saludar allí a sus amigos belgas, y entrevistarse con algunos españoles, hombres de negocios que frecuentaban aquellas plazas, los cuales le consultaron sobre la licitud de ciertos contratos. Allí tuvo Vitoria un conocimiento muy próximo de la realidad comercial y económica, y llegó a la conclusión de lo importante que era razonar y valorar moralmente las prácticas al uso. Según Vitoria, el orden natural se basa en la libertad de circulación de personas, bienes e ideas. De esta manera los hombres pueden conocerse entre sí e incrementar sus sentimientos de hermandad. Esto implica que los comerciantes no son moralmente reprobables, sino que llevan a cabo un servicio importante para el bien común o bienestar general.

Eso lo hizo desarrollar varias teorías económicas muy influyentes posteriormente, como una teoría del precio justo basada en la escasez del bien e influida por la oferta y la demanda, separándose claramente de la teoría del precio según el coste de producción. Puntualizó que el precio ha de establecerlo las partes que intercambian.

El primer principio de la doctrina social de la Iglesia es el bien común. Este principio encuentra respaldo en Mises (1922/2003) en cuanto a que "La lucha de clases, la lucha de razas, la lucha de nacionalidades, no puede ser el principio constructor de la sociedad. La destrucción y el aniquilamiento son incapaces de construir algo" (p. 223).

Sin embargo, esta lucha de clases conduce a resentimientos como el vivido en la Alemania nazi o como se ve crecer en algunos países latinoamericanos, que estimulan un distorsionado protagonismo popular y una nueva exclusión. Esto hace que la identidad nacional derive en una identidad de clase y la voluntad popular se convierta en una religión. La gente entrega su libertad y el destino de la nación a su líder, sin importar el estado de derecho pero sí la estimulación de la lucha de clases por medio de las propagandas.

En este mismo capítulo, Mises dedica un apartado a demostrar que el Darwinismo es contrario a la naturaleza humana, tal cual como también lo profesa la Iglesia, porque en la sociedad no hay lucha por la vida, porque la socialización suele convertirse en la cooperación de personas que intercambian de manera libre y voluntaria por medio de la división del trabajo.

Porque la socialización suele ser una colaboración con fines de acción común, esto hace que la sociedad descanse en la paz y no en la guerra. Esto es mencionado por el magisterio de la Iglesia y es lo que tiene estrictamente en común con Mises, partiendo del principio de que el trabajo dividido es mayor que el trabajo aislado.

En la *Encíclica Caritas in Veritates* numeral 7, el Papa Benedicto XVI (2009a) sostiene que trabajar por un bien común consiste en responder a necesidades reales, y luego refuerza la idea en el numeral 42 al mencionar que "el ser empresario, antes de tener un significado profesional, tiene un significado humano"; características que Kirzner sostiene como propias del verdadero empresario. De igual manera, cuando el Papa en el numeral 21 de la misma Encíclica menciona "que la ganancia es útil si, como medio, se orienta a un fin que le de un sentido, tanto en el modo de adquirirla como de utilizarla", el Estado debe protegerla porque "la Iglesia reconoce la justa función de los beneficios, como índice de la buena marcha de la empresa.

Esto conduce a que: "Cuando una empresa da beneficios, significa que los factores productivos han sido utilizados adecuadamente y que las correspondientes necesidades humanas han sido satisfechas debidamente" (Benedicto XVI, 2009a, N° 35) y esto corresponde con el principio moral defendido por Kirzner (2000) en cuanto a que todo ser humano tiene derecho natural a los resultados de su propia creatividad empresarial. A pesar de ello, la ausencia de estado de derecho es algo que comulga con el Manifiesto del Partido Comunista (1848), que sostiene que "el derecho es la voluntad de la clase dominante erigida en ley". Por consiguiente, cuando el Estado está gobernado por una "banda de bandidos", la ley es suplantada por la mera formalidad del procedimiento legislativo para su promulgación. Esto anula el principio de legalidad en sí mismo, que sirve de refugio ante un abuso de poder o extralimitación en sus funciones. Si la ley no se desarrolla dentro de la división de poderes republicanos y el imperio de la ley no es estricto, el efecto es el de un gobierno con la capacidad de hacer todo cuanto quiera cometer, incluyendo el vandalismo, y se pudiera llegar a la esencia de la monarquía absoluta resumida en la frase del Rey Luis XIV: "El Estado soy yo".

Cualidades fuera de la estatolatría

Para Mises (1945/2010), "el rígido dogmatismo, característico de las sectas religiosas y del marxismo, provoca conflictos insolubles. Tal dogmatismo condena de antemano al disidente, tachándole de malhechor; niega la buena fe del contrincante, exigiendo de él sumisión incondicional" (p. 289). Ser sumiso ante algo implica ceder la independencia del yo individual y entregar la voluntad a algo o alguien exterior para obtener la fuerza de la que el yo individual adolece. Esto conduce a la dominación de unos que se aprovechan de quienes tienen insignificancia individual, impotencia y sentimiento de inferioridad, que por lo general caracteriza al masoquista.

La sumisión ha sido estudiada por Fromm (1941), al sostener que la misma conduce al autoritarismo de líderes con tendencias sádicas quienes someten a otros y no sólo mandan de forma autoritaria sobre los demás, sino que también los explotan porque: "Precisa el tirano del apoyo ideológico de determinado grupo para someter a los restantes; ha de disponer de un círculo de partidarios que voluntariamente le obedezcan". De acuerdo a Mises (1922/ 2003), esa espontánea sumisión le proporciona el arma necesaria para someter a los demás.

Las explotaciones a los sumisos por parte de esos líderes tíranos por lo general es llevadera en premisas como: "Yo te mando porque sé qué es lo que más te conviene, y en tu propio interés deberías obedecerme sin ofrecer resistencia", como fue el caso de las monarquías que regulaban precios, establecían máximos de ganancias, protegían a los indigentes, controlaban la propiedad y que - tanto en aquella época como ahora - hace justificable también frases como: "Yo soy tan maravilloso y único, que tengo con razón el derecho de esperar obediencia de parte de los demás" o "Hice tanto por ti, que ahora tengo el derecho de exigirte todo lo que quiera", de ahí que los defensores del totalitarismo prefirieran adoptar otra táctica, dedicándose a tergiversar el sentido de las palabras. Es así como Mises (1945/2010) sostiene que comenzaron a calificar de libertad auténtica y genuina la de quienes viven bajo un régimen que no concede a sus súbditos más derecho que el de obedecer.

Los sentimientos de sumisión propios de la idolatría sostienen al autoritarismo generando como consecuencia que las personas no hagan lo que quieran; no produzcan lo deseado ni realicen intercambios voluntarios y por ello se someten a las órdenes de esas fuerzas exteriores.

Esta sumisión conduce a idolatría en sistemas como el estalinismo, maoísmo, nazismo, fascismo, fidelismo, guevarismo e incluso el socialismo del siglo XXI. Hay concordancia cuando no se ha logrado superar la idolatría por medio de la identidad y la autonomía. Se pudiera identificar como bueno o malo aquello que los demás así lo califican y enmarcarse en la abstracción de la sociedad para sentir seguridad y dejarse guiar incondicionalmente por el líder e incluso llegar a destruir al otro que no permanece en su grupo ni rinde culto a su líder.

Cuando lo afectivo está por encima de lo reflexivo, los liderazgos aspiran a ser predicadores y/o redentores que ofrecen reivindicar la abstracción de la "condición popular" en contra de la otra abstracción y el "desprecio de las clases altas".

Ante evaluaciones afectivas y sumisas hacia un líder que debe representar lo que un padre da a un niño o siervo, los líderes son paternalistas hacia personas que por ejercer la idolatría buscan protección, y de allí la necesidad de apoyar a quien "ayude a los pobres", quienes se sienten reivindicados e incluidos.

De igual manera, un gran tamaño de gobierno con altos niveles de regulaciones e incluso control en el comercio internacional genera intercambios en los ciudadanos con la presencia de un Estado que se relaciona en todos los intercambios que hacen sus "ciudadanos". Esta relación de sumisión se justifica porque procura el "bien común" teniendo como meta que los ciudadanos satisfagan sus necesidades. Para ello asume la asignación de los recursos escasos mediante el racionamiento, para darle a cada integrante de la sociedad una ración de dicho recurso.

El Estado asume el poder de decisión en toda relación para proteger al ciudadano y por el bien común se considera el único con racionalidad económica, y que elige. Esto va contrario al pensamiento de Benedicto XVI (2007c) quien afirma que la desregulación ha sido importante y no está exenta de aspectos positivos, porque estimula la producción de nueva riqueza y el intercambio entre diferentes culturas.

Un gobierno que no confía en la perspicacia empresarial

Pareciera normal aceptar a quienes gobiernan con este calificativo que el Papa Benedicto XVI recalca como "bandidos", que incluso se mantienen por "elección popular", pero con altos niveles de corrupción que atentan contra la generación de riqueza; promueven a los buscadores de renta en juegos que suman cero, obligan a quien tiene una perspicacia empresarial a negociar con la delincuencia, generan inflación produciendo dinero inorgánico para cubrir sus gastos, no confían en la libre iniciativa y por ello regulan a los empresarios y los amenazan con innumerables sanciones; donde se presentan gobiernos con las cualidades que el Papa Benedicto XVI califica de ladrones[14] y bandidos, pero que son admitidos, aceptados y aplaudidos en organismos como la Organización de Estados Americanos o por la Organización de Naciones Unidas y tratados como verdaderos estadistas.

En medio de esto, la ausencia del estado de derecho unida a altos niveles de regulación incentiva a aprovechar la captación de rentas "ilícitas" como las obtenidas en todas las sociedades donde existen controles de cambios o en preferencias del gobierno que, limitando la competencia, beneficia a unos y destruye a otros. Esto genera la presencia de intercambios que suman cero (uno se beneficia y el otro pierde), donde alguien se apodera de una parte de la riqueza sin aportar a la generación de la misma porque la corrupción se propaga en las regulaciones de la economía, dado que las regulaciones conduce a solicitar licencias y/o permisos para realizar alguna actividad económica o de otro índole, y esto genera corrupción o incentivos para lo ilícito y fomenta la arbitrariedad de las autoridades.

En definitiva, aunque en este escrito no se ha mencionado a la democracia, a objeto de no caer en el autoritarismo ni en el totalitarismo que conduce a la estatolatría se hace propicia concluir la necesidad de una catequesis y diálogo interreligioso que involucre que la noción de "...la democracia puede subsistir solamente si se logra un fortalecimiento y una expansión de la personalidad de los individuos, que los haga dueños de una voluntad y un pensamiento auténticamente propios", tal como fue manifestada por psicólogo E. Fromm sobre en *El miedo a la libertad*.

Algunos respaldos de los conceptos del Capítulo 5

Concepto	Respaldo
Estatolatría como falsas religiones	Mises (1945/2010) Acción Humana, p. 236
Definición de Teología de Mises	Mises (1945/2010) Acción Humana, p. 230
Teoría del Progreso ligada con la Teología es tomada de	Mises(1922/2003) Socialismo p. 232
Milenarismo	Rothbard. Historia del Pensamiento y Doctrina Económica (1995), p. 329 Mises (1945/2010). Acción Humana p. 18 Benediccto XVI (2007) Viaje Apostólico a Brasil
El Miedo a la Libertad	Fromm (1941) El Miedo a la Libertad

A MANERA DE CONCLUSIÓN

PROGRESO HACIA LA LIBERTAD PERFECTA

El desarrollo de 14 años compartiendo la economía de manera especial con niños y jóvenes condujo al siguiente conjunto organizado de ideas encontradas que explican la enseñanza de la economía:

Primero, la definición de economía que puede incluso estar al alcance de niños y jóvenes es ***el desarrollo de las virtudes cardinales para la generación de riquezas temporales***.

Esta definición considera al bien como una empresa común a la que cada quien está llamado a dar su contribución como buscador de utilidad y belleza para garantizar la generación de riquezas materiales en nuestro tiempo y espacio que desarrollan la plenitud de la naturaleza humana. Por ello, la economía es exitosa cuando existen relaciones entre los ciudadanos donde cada quien despliega su ingenio para transformar las cosas de su entorno en medios útiles que satisfacen necesidades, siempre que se respete el ingenio y/o derecho de los demás.

Segundo, la educación económica requiere formar en autonomía y trascendencia para de esa manera dar respuesta a la necesidad de transmitir los valores fundamentales de la existencia y de un correcto comportamiento a las nuevas generaciones, proponiendo de manera convincente certezas sólidas, reglas de comportamiento y objetivos creíbles sobre los cuales construir su vida. Lo anterior se garantiza al ejercer la economía con libertad formando un carácter que permita estar preparado para hacer de sí mismo lo que se necesita y en cooperación con los demás; porque si la formación del carácter se convierte en el propósito de las personas, debe considerarse que no es dado por naturaleza, y por ello requiere ser asegurado por nuestro propio esfuerzo de la mano de quien educa. De esta manera consideramos se contribuye a superar culturas asistencialistas y relativistas.

Tercero, para evitar la barbarie y el destruccionismo se requiere no confundir las virtudes teologales con las virtudes humanas, porque las faltas humanas pueden ser reguladas y juzgadas por humanos, pero las faltas a Dios en temas de fe, esperanza y caridad no. Aparte de que solo compete a los creyentes, deben ser reguladas y juzgadas solo por Dios. De lo contrario habría totalitarismo. Es decir, si un gobierno electo o no electo democráticamente exige tener fe, esperanza y caridad, entonces si llega a la falta de libertad y despotismo

De esta manera se entiende a la solidaridad solo si se realiza de manera libre y voluntaria. Ello conduce a obviarla el exigir y penalizar legalmente a quien no cumpla las virtudes teologales de fe, esperanza y caridad por respeto a la libertad.

Cuarto, la virtud de la prudencia es base de la definición de economía, porque la economía y la prudencia son relaciones entre medios y fines. Además, el costo de oportunidad es base para el ejercicio de la prudencia. Esto es garantizado al ejercer el libre albedrío individual, donde sólo la persona tiene vida propia y es auto-subsistente.

Quinto, sin derecho de propiedad no hay virtud de la justicia y sin ésta última no se produce riqueza, dado que la propiedad es un derecho humano universal. La propiedad privada va unida a la civilización. Un propietario disfruta sus bienes, los transfiere voluntariamente, tiene disponibilidad de modificarlos y es el único responsable de su mantenimiento. El derecho de propiedad es válido para todos los tiempos y todas las sociedades y culturas habidas, existentes y por venir. Descubrir esto permite superar el error antropológico marxista de querer eliminar la propiedad privada de los factores de producción; porque sin propiedad no hay derecho a elección, no hay capacidad de disponibilidad, no hay libertad; sin derecho de propiedad solo habría sumisión.

Sexto, la virtud de la templanza controla la voluntad necesaria para el intercambio económico. El dominio de la voluntad sobre los instintos y el mantenimiento de los deseos en los límites de la honestidad, del respeto y el encuentro cordial con el otro se garantizan al considerar que los medios usados por la persona para satisfacerlos son fruto de consideraciones racionales donde se pondera el costo, por un lado, y el resultado alcanzado, por otro. Una acción impulsiva se distingue de las demás por contrastar más serenamente tanto el costo como el fruto obtenido. De esta manera se evita la perturbación de la emoción en las valoraciones de cada actor.

Séptimo, la virtud de la valentía (fortaleza) desarrolla la naturaleza empresarial porque impulsa al individuo a resolver sus inquietudes. Emprendiendo se facilita el desarrollo de un plan de acción para definir las metas y objetivos que conforman la solución buscada. Ello es garantizado con el libre albedrío y el conocimiento de sí mismo, para así evitar el exceso de temor y de atrevimiento, que son destructores del emprendimiento.

Octavo, la trascendencia es un elemento que requiere ser abordado desde la antropología de la economía debido a que, de lo contrario se entraría en idolatría debido a que una persona autónoma es aquella que genera riqueza por un carácter formado a partir de relaciones esenciales vitales con el mundo, las demás personas, el misterio y consigo mismo. Las personas responden de acuerdo con sus propios principios individuales. El juicio de la conducta se da en función al fuero interior - contrario a la autoridad convencional - y teniendo conciencia de contener los propios impulsos. Las normas y los principios dirigen los actos morales antes que los grupos o incluso la sociedad, de modo que se realizan intercambios voluntarios siempre que se confíe en la perspicacia empresarial.

Para responder a un desafío filosófico acerca de ¿cuál será la posible realidad común de la economía con las demás ramas del saber? hemos planteado hacerlo a partir de fundamentos ontológicos de la persona presentes desde la infancia. Es por ello que podemos concluir que después de 14 años de estudios en la enseñanza de la economía a niños y jóvenes, a un niño y/o adolescente no le es prioritario el estudio de la escasez relativa o de las expectativas racionales o adaptativas donde se estudien relaciones inversas o no entre la tasa de desempleo y la tasa de inflación o si la gente piensa o no en términos marginales, entre otros asuntos.

Sin embargo, "el niño reclama lo que es su participación en ese llegar a ser de las cosas" (Buber, 2004, p.15) debido a que la infancia demuestra lo creativo del ser humano, según la referencia de que en el niño el hacer está por encima del tener, e incluso el hacer es la base del tener, y de esta manera persigue perspicacia creadora. Así consideramos que la educación debe mantener y desarrollar esa espontaneidad para responder a las necesidades del educando, lo cual conduce a la formación de un empresario como buscador de oportunidades que satisfagan necesidades de los demás.

Esa empresarialidad forma parte de la naturaleza humana y puede ser desarrollada hasta en una persona que trabaja barriendo un local, porque allí también hay capacidad de identificar oportunidades de ganancias con mejores maneras de barrer. Consideramos que ello lleva a la plenitud y se consigue cuando se fortalece el interés de ejercer la libertad en unión a la autoridad desde la infancia, tal como reflejado en el anhelo del niño por explorar y crear al mismo tiempo.

Además, en los adolescentes vemos también esa necesidad de ser respetados en sus búsquedas y creaciones. En este proceso, la paz del entorno se genera cuando cada explorador y creador respeta la exploración y creaciones de los demás. De lo anterior deducimos que la exploración y creación tienen que ver con la perspicacia empresarial y el respeto con el derecho de propiedad. Estos dos elementos son fundamentales para desarrollar la economía y se deben aprender desde la infancia y hacerlo perdurar en el tiempo, tanto en la primera infancia como en los más altos niveles de desarrollo de la razón humana.

Vista de esta manera la perspicacia empresarial y el derecho de propiedad, consideramos que estos son dos elementos en común de la economía con las demás ramas del saber los cuales forman parte de nuestra filosofía de la libertad en la economía para atender la emergencia educativa de cara al "progreso hacia la libertad perfecta" (Benedicto XVI: 2007c, N° 18)

Con estas reflexiones, nuestra experiencia nos lleva a dilucidar que enseñar economía a niños sin tomar en cuenta los aportes de la academia universitaria carecería de sentido, pero hacer y enseñar economía en las universidades sin tomar en cuenta los fundamentos ontológicos presentes desde la infancia sería vacío. De esta manera se deduce la importancia de la educación para la construcción del ser de la persona, para liberar su potencial empresarial interno - que no se precisa como ser concluido - porque constantemente tiene la oportunidad de ver oportunidades (incluso donde en primera instancia solo se ven problemas), siempre y cuando ejercite su libertad por medio de su propia razón, que indiscutiblemente lo conducirá a cooperar con los demás.

REFERENCIAS

Ajdukiewicz (1994). Introducción a la filosofía. Editorial Cátedra

Alemany Hormaeche, M. (2012). El proceso enseñanza-aprendizaje de la materia de economía en el bachillerato. El caso de las Islas Baleares. Tesis de doctorado no publicada, Universitat de les Illes Balears, Palma España.

Alfaro, J. González, G. y Pina, M (2003). Economía y Organización de Empresas (Bachillerato). MCGRAW-HILL. Interamericana de España.

Aristóteles (349. C/2010). Ética a Nicómaco. Disponible: http://www.ataun.net/BIBLIOTECAGRATUITA/Cl%C3%A1sicos%20en%20Espa%C3%B1ol/Arist%-C3%B3teles/%C3%89tica%20a%20Nic%C3%B3maco.pdf [Consulta: 2017, Julio 18]

Ballester, J. (2014). Pedro, Pablo y Benedicto XVI. Revista Católica. [Revista en Línea]. Disponible: http://es.catholic.net/op/articulos/40269/cat/876/pedro-pablo-y-benedicto-xvi.html [Consulta: 2017, Julio 18]

Barrett, T (1913). "Hermann Busembaum". Catholic Encyclopedia. New York. Robert Appleton Company

Bastiat, F. (1850/2015). La Ley. [Libro en Línea]Ciencia Política Alianza Editorial. Disponible: http://www.hacer.org/pdf/LaLey.pdf. [Consulta: 2017, Mayo 2]

Benedicto XVI. (2005). Discurso a la Curia Romana sobre el significado de Vaticano II. [Documento en Línea]. Disponible en: https://w2.vatican.va/content/benedict-xvi/es/speeches/2005/agosto/documents/hf_ben-xvi_31290122_curia-romana.html. [Consulta: 2017, Mayo 14]

Benedicto XVI (2006a). Discurso a los Obispos, Sacerdotes y Fieles Laicos Participantes en la IV Asamblea Eclesial Nacional Italiana. [Documento en Línea]. Visita Pastoral a Verona. Disponible: https://w2.vatican.va/content/benedict-xvi/es/speeches/2006/october/documents/hf_ben-xvi_spe_20061019_convegno-verona.html [Consulta: 2016, Abril 14]

Benedicto XVI (2006b). Discurso del Santo Padre Benedicto XVI a los participantes de un Congreso Organizado por la Academia Pontificia para la Vida. [Documento en Línea] Sala de los Suizos, Palacio Apostólico de Castelgandolfo Disponible: http://w2.vatican.va/content/benedict-xvi/es/speeches/2006/september/documents/hf_ben-xvi_spe_20060916_pav.html [Consulta: 2018, Junio 5]

Benedicto XVI (2006c). Encuentro con los jóvenes de Roma y del laico con preparación para la XXI Jornada Mundial de la Juventud. [Documento en Línea] Disponible: https://w2.vatican.va/content/benedict-xvi/es/speeches/2006/april/documents/hf_ben-xvi_spe_20060406_xxi-wyd.html [Consulta: 2018, Abril 10]

Benedicto XVI (2006d). Discurso con motivo del encuentro con el mundo de la culturaen la Universidad de Ratisbona. [Documento en Línea] Disponible: https://w2.vatican.va/content/benedict-xvi/es/speeches/2006/september/documents/hf_ben-xvi_spe_20060912_university-regensburg.html [Consulta: 2018, Abril 21]

Benedicto XVI (2007a). Discurso en la inauguración de los trabajos de la asamblea diocesana de Roma. [Documento en Línea]. Asamblea Diocesana de Roma Disponible: https://w2.vatican.va/content/benedict-xvi/es/speeches/2007/june/documents/hf_ben-xvi_spe_20070611_convegno-roma.html [Consulta: 2016, Abril 18]

Benedicto XVI (2007b). Entrevista concedida por el Santo Padre a los periodistas en su vuelo hacia Brasil. [Documento en Línea]. Viaje apostólico a Brasil con ocasión de la V Conferencia General del Episcopado Latinoamericano y el Caribe. Disponible: https://w2.vatican.va/content/benedict-xvi/es/speeches/2007/may/documents/hf_ben-xvi_spe_20070509_interview-brazil.html [Consulta: 2016, Marzo 8]

Benedicto XVI (2007c). Carta Encíclica Spe Salvi [Documento en Línea]. Segunda Encíclica de Benedicto XVI. Disponible en: https://w2.vatican.va/content/benedict-xvi/es/encyclicals/documents/hf_ben-xvi_enc_20071130_spe-salvi.html [Consulta: 2016, Enero 12]

Benedicto XVI (2007d). Discurso del Papa Benedicto XVI a los Participantes en el Encuentro Europeo de Profesores Universitarios. [Documento en Línea]. Disponible en: http://w2.vatican.va/content/benedict-xvi/es/speeches/2007/june/documents/hf_ben-xvi_spe_20070623_european-univ.html [Consulta: 2017, Marzo 22]

Benedicto XVI (2008a) Discurso a los Administradores de la Región Lacio, del Ayuntamiento y de la Provincia de Roma. [Documento en Línea]. Discurso dado en la Sala Clementina del Vaticano. Disponible: https://w2.vatican.va/content/benedict-xvi/es/speeches/2008/january/documents/hf_ben-xvi_spe_20080110_amministrazione-lazio.html [Consulta: 2016, Enero 12]

Benedicto XVI (2008b) Discurso a los participantes en la Asamblea plenaria de la Congregación para la Educación Católica. [Documento en Línea]. Discurso dado en la Sala Clementina del Vaticano. Disponible en: https://w2.vatican.va/content/benedict-xvi/es/speeches/2008/january/documents/hf_ben-xvi_spe_20080121_educ-cattolica.html [Consulta: 2016, Enero 10]

Benedicto XVI (2008c). Carta a la Diócesis y a la ciudad de Roma sobre la tarea urgente de la educación. [Documento en Línea]. Disponible en: https://w2.vatican.va/content/benedict-xvi/es/letters/2008/documents/hf_ben-xvi_let_20080121_educazione.html [Consulta: 2016, Noviembre 10]

Benedicto XVI (2008d). Discurso a la Diócesis de Roma con motivo de la entrega de la "Carta sobre la tarea urgente de la educación" [Documento en Línea]. Discurso dado en la Plaza de San Pedro. Disponible en: https://w2.vatican.va/content/benedict-xvi/es/speeches/2008/february/documents/hf_ben-xvi_spe_20080223_diocesi-roma.html [Consulta: 2016, Diciembre 8]

Benedicto XVI (2008e). Discurso a la 58º Asamblea general de la Conferencia Episcopal Italiana. [Documento en Línea]. Discurso dado en la Conferencia Episcopal Italiana. Disponible en: http://w2.vatican.va/content/benedict-xvi/es/speeches/2008/may/documents/hf_ben-xvi_spe_20080529_cei.html [Consulta: 2016, Diciembre 10]

Benedicto XVI (2008f). Discurso a los participantes en la Asamblea plenaria del Consejo Pontificio para la Cultura. [Documento en Línea]. Discurso dado en la Sala Clementina del Vaticano. Disponible: https://w2.vatican.va/content/benedict-xvi/es/speeches/2013/february/documents/hf_ben-xvi_spe_20130207_cultura.html [Consulta: 2016, Diciembre 10]

Benedicto XVI (2008g). Discurso a los Participantes en un Congreso sobre el Tema Confianza en la Razón. [Documento en Línea] X Aniversario de l. a Encíclica Fides et Ratio. Disponible: https://w2.vatican.va/content/benedict-xvi/es/speeches/2008/october/documents/hf_ben-xvi_spe_20081016_x-fides-et-ratio.html [Consulta: 2018, Mayo 15]

Benedicto XVI (2008h). Encuentro con los Miembros de la Asamblea General de las Naciones Unidas. [Documento en Línea] Viaje Apostólico a los Estados Unidos de América y Visita a la Sede de la Organización de Naciones Unidas. Disponible: http://w2.vatican.va/content/benedict-xvi/es/speeches/2008/april/documents/hf_ben-xvi_spe_20080418_un-visit.html [Consulta: 2018, Mayo 14]

Benedicto XVI (2008i) Angelus. [Documento en Línea]. Disponible: http://w2.vatican.va/content/benedict-xvi/es/angelus/2008/documents/hf_ben-xvi_ang_20081116.html [Consulta: 2018, Marzo 11]

Benedicto XVI (2008j). Discurso a los participantes en el VI Simposio Europeo de Profesores Universitarios [Documento en Línea]. Disponible: https://w2.vatican.va/content/benedict-xvi/es/speeches/2008/june/documents/hf_ben-xvi_spe_20080607_docenti-univ.html

Benedicto XVI (2009a). Discurso a los profesores y estudiantes de la Libre Universidad María Santísima Asunta (LUMSA) con ocasión del 70° aniversario de su fundación. [Documento en Línea]. Universidad María Santísima Asunta Disponible en: https://w2.vatican.va/content/benedict-xvi/es/speeches/2009/november/documents/hf_ben-xvi_spe_20091112_lumsa.html [Consulta: 2017, Febrero 10]

Benedicto XVI (2009b). "Lection Divina" Del Santo Padre Benedicto XVI en el Pontificio Seminario Romano Mayor". [Documento en Línea]. Disponible en: https://w2.vatican.va/content/benedict-xvi/es/speeches/2009/february/documents/hf_ben-xvi_spe_20090220_seminario-maggiore.html [Consulta: 2018, Marzo 9]

Benedicto XVI (2009c). Caritas in Vieritate. [Documento en Línea] Disponible en: http://w2.vatican.va/content/benedict-xvi/es/encyclicals/documents/hf_ben-xvi_enc_20090629_caritas-in-veritate.html [Consulta: 2017, Febrero 9]

Benedicto XVI (2009d). Encuentro con el Mundo Académico. [Documento en Línea] Disponible en: http://w2.vatican.va/content/benedict-xvi/es/speeches/2009/september/documents/hf_ben-xvi_spe_20090927_mondo-accademico.html [Consulta: 2017, Febrero 19]

Benedicto XVI (2009e). Encuentro con los Artistas. [Documento en Línea] Disponible en: http://w2.vatican.va/content/benedict-xvi/es/speeches/2009/november/documents/hf_ben-xvi_spe_20091121_artisti.html [Consulta: 2018, Febrero 9]

Benedicto XVI (2010a). b. [Documento en Línea]. Conferencia Episcopal Italiana. Disponible: http://w2.vatican.va/content/benedict-xvi/es/speeches/2010/may/documents/hf_ben-xvi_spe_20100527_cei.html Consulta: 2017, Febrero 11]

Benedicto XVI (2010b). Santo Tomás de Aquino. [Documento en Línea]. Audiencia General. Disponible: http://w2.vatican.va/content/benedict-xvi/es/audiences/2010/documents/hf_ben-xvi_aud_20100616.html [Consulta: 2018, Junio 9]

Benedicto XVI (2011a). Discurso a los participantes en la Plenaria de la Congregación para la Educación Católica. [Documento en Línea]. Sala del Consistorio del Vaticano. Disponible en: https://w2.vatican.va/content/benedict-xvi/es/speeches/2011/february/documents/hf_ben-xvi_spe_20110207_cong-educ-cattolica.html [Consulta: 2017, Febrero 15]

Benedicto XVI (2011b). Discurso del Santo Padre Benedicto XVI en el Parlamento Alemán. [Documento en Línea]. Viaje Apostólico a Alemania, Berlín. Disponible: https://w2.vatican.va/content/benedict-xvi/es/speeches/2011/september/documents/hf_ben-xvi_spe_20110922_reichstag-berlin.html [Consulta: 2016, Febrero 2]

Benedicto XVI (2011b). Mensaje de su Santidad Benedicto XVI para la Celebración de la XLIV Jornada Mundial de la Paz. [Documento en Línea] Disponible: http://w2.vatican.va/content/benedict-xvi/es/messages/peace/documents/hf_ben-xvi_mes_20101208_xliv-world-day-peace.html#_ftnref10 [Consulta: 2018, Junio 4]

Benedicto XVI (2012). Educar a los Jóvenes en la Justicia y la Paz. [Documento en Línea] Celebración de la XLV Jornada Mundial de la Paz. Disponible: http://w2.vatican.va/content/benedict-xvi/es/messages/peace/documents/hf_ben-xvi_mes_20111208_xlv-world-day-peace.html [Consulta: 2018, Junio 4]

Benedicto XVI (2013). Discurso a los Participantes en la Asamblea Plenaria del Consejo Pontificio para la Cultura. [Documento en Línea] Sala Clementina. Disponible: https://w2.vatican.va/content/benedict-xvi/es/speeches/2013/february/documents/hf_ben-xvi_spe_20130207_cultura.html [Consulta: 2017, Mayo 4]

Berlin, I (1958), "Two Concepts of Liberty". Four Essays on Liberty. Oxford: Oxford University Press

Brashear, M. Clohessy, R. Riddle, J y Smith W. (2015). The Economics of Entrepreneurship. Foundation Economic Education.

Buber, M (1923/2002). Yo y Tu. Tercera Edición. Buenos Aires: Nueva Visión Argentina

Buber, M (1942/1967). ¿Qué es el hombre? Sexta Edición. México DF: Fondo de Cultura Económica

Buber, M (2004). El Camino del Ser Humano y Otros Escritos. Editorial: Fundación Emanuel Mounier.

Call, S. y Holahan, W. (1983) Microeconomía. Grupo Editorial Iberoamérica

Cajina, G. (2007). De Empleado A Millonario. Madrid, España

Carta Magna de las Universidades Europeas (1988). Disponible en: http://www. encuentros-multidisciplinares.org/Revistanº9/Carta%20Magna%20y%20Declaraciones%20conjuntas%20europeas%20sobre%20la%20universidad.pdf

Case, K. y Fair R. (1997). Principios de Macroeconomía. Prentice-Hall. México.

Castañeda, J. (1982) Lecciones de Teoría Económica. Aguilar Ediciones

Castellón, R. y Barreiro, L. (2010) Programa de educación financiera, de tu cabeza a tu bolsillo. Panamá: Global Bank Corporation

Catecismo de la Iglesia Católica. (1997). [Documento en línea]. Disponible: http://www.vatican.va/archive/catechism_sp/index_sp.html [Consulta: 2017, Enero 5]

Centro de Divulgación del Conocimiento Económico para la Liberad CEDICE Libertad (2017) [Página Web en Línea] Disponible: http://cedice.org.ve/category/formacion/contacto/economia-para-ninos-ninas-y-adolescentes/ https://childfinanceinternational.org/cyfi/annual-reports.html/ [Consulta: 2017, marzo 21]

Compendio de la Doctrina Social de la Iglesia (2004). [Documento en línea]. Disponible: http://www.vatican.va/roman_curia/pontifical_councils/justpeace/documents/rc_pc_justpeace_doc_20060526_compendio-dott-soc_sp.html. [Consulta: 2017, Marzo 5]

Connell, M. y Brue, S. (2001) Economía. McGraw-Hill

Child Youth Finance International (2017). [Página Web en Línea]. Disponible: https://childfinanceinternational.org/cyfi/annual-reports.html/[Consulta: 2017, marzo 21]

Ekelund R y Hérbert R (1992). Historia de la Teoría Económica y su Método. Madrid: McGrawHill

Fisher, M. (1989) El millonario instantáneo. Primera Edición. Barcelona: Ediciones Urano

Fischer, S. Dornbusch, R y Schmalensee, R. (1990), Economía. McGraw-Hill, Segunda Edición. México, D.F.

Forner, A. y La Torre, M. (1996) Diccionario terminológico educativo y psicopedagógico. Barcelona. España.

Foundation for Economic Education (2016). [Página Web en Línea]. Disponible: https://fee.org/. [Consulta: 2016, Diciembre 8]

Fraser Institute (2016). [Página Web en Línea]. Disponible: https://www.fraserinstitute.org/education-programs [Consulta: 2016, Octubre 11]

Fromm E (1941). El Miedo a la Libertad. [Libro en línea] Editorial Paidos Buenos Aires. Disponible:http://www.enxarxa.com/biblioteca/FROMM%20El%20Miedo%20A%20La%20Libertad.pdf [Consulta: 2015, Diciembre 18]

Gimeno Sacristán, J. y Pérez Gómez, A. (1992) Comprender y transformar la enseñanza. Editorial Morata. España

Gurión, B. (2009) Como llegar a ser millonario. Segunda Edición. México D.F.: Inversiones Ben Gurión S.A.C.

Hayek F (2001). Principios de un Orden Social Liberal. Tercera Edición. Madrid: Unión Editorial

Hayek, F. (1988/2010). La Fatal Arrogancia. Unión Editorial

Hayek, F. (1958). Individualism: True and False", in Individualism and Economic Order. Estados Unidos, Chicago: University of Chicago Press

Hayek (1959/1998). Los Fundamentos de la Libertad. Unión Editorial

Hernández, J. (1912). Elementos de Filosofía. Ediciones UCV.

Huerta de Soto, J. (2000). Proyecto Docente, para el concurso a una Plaza de Catedrático de Universidad [Documento en línea] Universidad Rey Juan Carlos. Disponible: http://www.jesushuertadesoto.com/articulos/articulos-en-espanol/proyecto-docente [Consulta: 2018, Mayo 18]

Hellriegel, D., Jackson. S. y Slocum, J. (2002) Administración: Un enfoque basado en competencias. Novena Edición. México D.F: Thomson Learning Inc.

Holzmiller, J. y Roselli, A. (1971). La Economía al alcance de Todos. Editorial de Vecchi. Barcelona.

Huerta J (1997). La Escuela Austríaca Moderna Frente a la Neoclásica. Revista de Economía Aplicada vol. V. [Revista en línea] Disponible en: http://www.eumed.net/cursecon/textos/Huerta_de_Soto_austria-vs-neocla.pdf   [Consulta: 2015, Noviembre 10]

Juan XXIII (1961). Mater est Magister. [Documento en línea] Carta Encíclica. Disponible: http://w2.vatican.va/content/john-xxiii/es/encyclicals/documents/hf_j-xxiii_enc_15051961_mater.html [Consulta: 2016, Mayo 18]

Juan Pablo II (1990). Ex Corde Eclessiae. [Documento en línea] Disponible: http://w2.vatican.va/content/john-paul-ii/es/apost_constitutions/documents/hf_jp-ii_apc_15081990_ex-corde-ecclesiae.html [Consulta: 2017, Noviembre 28]

Juan Pablo II (1991). Centesimus Annus. [Documento en línea] Disponible: http://w2.vatican.va/content/john-paul-ii/es/encyclicals/documents/hf_jp-ii_enc_01051991_centesimus-annus.html [Consulta: 2017, Noviembre 8]

Juan Pablo II (1998). Fides et Ratio. [Documento en línea] Disponible: http://w2.vatican.va/content/john-paul-ii/en/encyclicals/documents/hf_jp-ii_enc_14091998_fides-et-ratio.html [Consulta: 2017, Enero 8]

Kant, I. (1781/2003). Crítica a la Razón Pura. [Libro en línea]. Biblioteca Virtual Universal. Disponible: http://www.biblioteca.org.ar/libros/89799.pdf [Consulta: 2015, Noviembre 11]

Kant, I. (1790/2003). Crítica del Juicio. [Libro en línea]. Biblioteca Virtual Universal. Disponible: http://www.biblioteca.org.ar/libros/89687.pdf [Consulta: 2018, Mayo 3]

Kant, I. (1798/1991). Antropología en sentido pragmático. [Libro en línea]. Trad. de José Gaos. Revista de Occidente, Madrid, 1935; reed.: Madrid, Alianza. Disponible: https://admajerk.firebaseapp.com/6/Antropologia-En-Sentido-Pragmatico.pdf [Consulta: 2018, Marzo 2]

Kant, I. (1803/2010). Pedagogía. [Libro en línea]. Escuela de Filosofía Universidad ARCIS. Disponible: https://www.ddooss.org/articulos/textos/kant_pedagogia.pdf [Consulta: 2018, Mayo 6]

Kiyosaki, R. y Lechter, S. (1999). Cuadrante del flujo del dinero Guía de "Padre Rico" hacia la libertad financiera. Buenos Aires, Argentina: Time and Money Editions.

Kohlberg, L. (1976). Moral stages and moralization: The cognitive developmental approach. In T. Lickona (Ed.), Moral Development and Behavior: Theory, Research and Social Issues. New York: Holt Rinehart and Winston

Krause, M. (2003). La Economía Explicada a Mis Hijos. Editorial Aguilar

Krugman, P. y Wells, R. (2007) Introducción a la Economía, Microeconomía. Editorial Reverte.

Lalande, F. (1967). Vocabulario Técnico y Crítico de la Filosofía. 2da. Edición. Buenos Aires: Ateneo.

León XIII (1891). Rerum Novarum. [Documento en línea] Disponible: http://w2.vatican.va/content/leo-xiii/es/encyclicals/documents/hf_l-xiii_enc_15051891_rerum-novarum.html [Consulta: 2017, Marzo 11]

Little, C y Lee, M. (2007) Administrando mejor mi dinero y mis gastos: "alfabetización" en finanzas familiares. Segunda edición. San José: Citigroup Foundation

Mises L. (1945/2010). La Acción Humana. Cuarta Edición. Madrid: Unión Editorial.

Mises L (1922/2003). El Socialismo. Análisis económico y sociológico. Cuarta Edición Madrid: Unión Editorial.

Mochón, F. (1993) Economía, teoría y política. McGraw-Hill

Nietzsche, F. (1888/2000). El Anticristo. [Documento en línea] Proyecto Espartaco. Disponible: http://www.pensament.cat/filoxarxa/filoxarxa/pdf/Nietzsche,%20Friedrich%20-%20El%20anticristo.pdf [Consulta: 2018, Marzo 10]

Ratzinger, J. (1968). Introducción al Cristianismo. Madrid: Editorial Sigueme

Rothbard, M. (1999). Historia del Pensamiento Económico. Volumen I. Unión Editorial. Segunda Edición.

Soto, M. (2017). Mi Primer Libro de Economía, Ahorro e Inversión. Fundación María Jesús Soto.

Toro, J. (2005). Fundamentos de Teoría Económica. Panapo. Caracas.

Mankiw, G. (2002), Principios de Economía. McGraw-Hill, Segunda Edición. Madrid

Miller, R. y Meiners, R. (1988) Microeconomía. McGraw-Hill

Rothbard, M. (1995). Historia del Pensamiento Económico. Unión Editorial.

Nicholson, W. (2001) Microeconomía Intermedia y sus Aplicaciones. McGraw-Hill

Pablo VI (1955). Discurso a las Representantes de los Estados en la Organización de Naciones Unidas. Disponible: http://w2.vatican.va/content/paul-vi/es/speeches/1965/documents/hf_p-vi_spe_19651004_united-nations.html [Consulta: 2018, marzo 2]

Pablo VI (1967). Populorum Progresso. [Documento en línea] Disponible: Carta Encíclica. Disponible: http://w2.vatican.va/content/paul-vi/es/encyclicals/documents/hf_p-vi_enc_26031967_populorum.html [Consulta: 2018, marzo 2]

Pablo VI (1971). Octogesima Adveniens. [Documento en línea] Disponible: http://w2.vatican.va/content/paul-vi/es/apost_letters/documents/hf_p-vi_apl_19710514_octogesima-adveniens.html [Consulta: 2018, marzo 1]

Penalonga, A. (2015). Economía. MCGRAW-HILL. Interamericana de España

Pernaut, A. y Ortiz, J. (1995), Introducción a la Teoría Económica. Universidad Católica "Andrés Bello" (UCAB), Colección Economía. Caracas.

Puentes, R. (2006) Finanzas para papá Manual de Planificación Financiera Personal e Inversiones Financieras. Tercera Edición. Caracas: Ediciones B Venezuela, S.A

Say, J.(1803/2010) Tratado de economía política Gillaumin

Samuelson, P. y Nordhaus, W. (1948/2002) Economía. McGraw-Hill.

Scheifler, X. (1990) Teoría Económica, Microeconomía. Editorial Trillas

Stanley, T y Danko, W. (1998). El Millonario de al lado. Atlántida

The Tuttle Twins (2017). [Página Web en Línea]. Disponible: https://tuttletwins.com/ [Consulta: 2017, Enero 12]

Tolkien, J. (1984). De los Anillos de Poder y la Tercera Edad. El Silmarillion. trad. Rubén Masera y Luis Domènech. Capellades: Minotauro

Torres y Lizárraga (2008). Bachillerato Economía de la Empresa. Anaya Educación.

Tucker, I. (2002), Fundamentos de Economía. Thomson Learning, Tercera Edición. México, D.F.

Tyson, E. (2008) Finanzas Personales Para Dummies. Quinta Edición. Indianápolis: Wiley Publishing, Inc.

Venezuela Sin Límites (2017) [Página Web en Línea]. Disponible: http://www.venezuelasinlimites.org/ESA/SitePages/Directorio2013.aspx. [Consulta: 2017, Marzo 5]

Weber, M (1919/2010). Politics as a Vocation. [Documento en línea] Anthropos. Disponible: http://anthropos-lab.net/wp/wp-content/uploads/2011/12/Weber-Politics-as-a-Vocation.pdf . [Consulta: 2018, Mayo 5]

Zárate, A (2005). El Estado, las libertades políticas y las virtudes cardinales. [Documento en Línea] Caminos de la Libertad. Disponible: http://www.caminosdelalibertad.com/resources/uploads/pdf/20130523_134651_1concursoensayo_mencion1arturozarate.pdf [Consulta: 2018, Mayo 31]

Índice de Cuadros

Índice de figuras

ÍNDICE